Les vins de France

C. Carmenère – D. Madevon – P. Madevon

NATHAN

Sommaire

© Editions Nathan, 9, rue Méchain - 75014 Paris – 1993 – ISBN 2-09-182439-9

Mode d'emploi

Divisé en six parties, l'ouvrage s'organise par doubles pages.
Chaque double page fait le point sur un thème.

à gauche

Une page synthèse apporte toutes les informations pour comprendre le sujet de la double page.

à droite

Une page explication fait le point, précise, illustre.

Un repérage
par thème

Le titre de la
double page

Quelques lignes
d'introduction

Des informations complémentaires,
des encadrés, des illustrations.

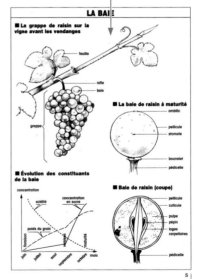

| DU RAISIN AU VIN |
| LES VINIFICATIONS |
| LES SPÉCIALITÉS |
| L'ÉLEVAGE |
| LES LIEUX |
| LE CHOIX |

La grappe de raisin

La grappe de raisin est composée d'une rafle sur laquelle se fixent les baies. Chacun des constituants de la baie, pellicule, pulpe, pépin présente des caractéristiques œnologiques dont le vinificateur tient compte pour élaborer son vin.

La rafle

Rattachée aux sarments de la vigne, la rafle forme la charpente végétale de la grappe. De son axe partent des ramifications. Chaque pédicelle (la plus petite de ces ramifications) présente un bourrelet où se fixe une baie. La rafle reste sur la vigne lorsque les vendanges sont mécaniques. Les vendanges manuelles la conservent, mais on peut l'éliminer par une opération mécanique appelée éraflage ou égrappage.

La baie

☐ La cuticule recouvre la pellicule du grain de raisin en une couche résistante et le protège des agressions extérieures. La cuticule est recouverte d'une couche cireuse de pruine sur laquelle se fixent des bactéries et des levures.
☐ La pellicule est un ensemble de plusieurs couches cellulaires qui enveloppent la baie et qui renferment des composés aromatiques et des polyphénols : tanins et pigments colorés. Les pigments jaunes des raisins blancs (flavonoïdes) n'ont aucune incidence sur la couleur des vins blancs, mais les pigments des raisins rouges (anthocyanes) confèrent aux vins rouges leur couleur, par le contact prolongé des pellicules avec le jus lors de la vinification.
☐ La pulpe contient le jus du raisin qui forme le moût quand il est recueilli dans la cuve. Contenu dans de grosses cellules, ce jus renferme principalement de l'eau, mais aussi des sucres, des acides et de nombreux autres composants. Le jus est incolore quelle que soit la nature du cépage blanc ou rouge, à l'exception de rares cépages teinturiers dont la pulpe est colorée par des pigments rouges. Ainsi des vins blancs peuvent être élaborés à partir de raisins rouges si on prend garde d'éviter tout contact avec les pellicules.
☐ Les pépins sont localisés au centre du grain. Il faut éviter de les écraser lors du pressurage pour qu'ils ne libèrent pas de l'huile et des tanins très grossiers.

L'évolution de la baie au cours de la maturation

Au printemps, des ébauches florales se forment dans les bourgeons et sont les précurseurs des grappes qui n'apparaîtront qu'au printemps un an plus tard. Au printemps, les bourgeons éclatent et font naître des rameaux sur lesquels se fixent les futures grappes appelées inflorescences. En juin, lors de la floraison de la vigne, du pollen est libéré et féconde les pistils : c'est la nouaison. Le grain, toujours vert, car riche en chlorophylle, grossit mais ne renferme que peu de sucre. C'est à la véraison, au mois d'août, que le grain prend une couleur jaune pour les blancs et rouge pour les raisins rouges. Dès lors et jusqu'à la maturité du raisin en automne, le sucre ne cesse de s'accumuler dans les baies et l'acidité diminue.

4

LA BAIE

5

Les sous-titres permettent de repérer
les grands points du sujet.

La grappe de raisin

La grappe de raisin est composée d'une rafle sur laquelle se fixent les baies. Chacun des constituants de la baie, pellicule, pulpe, pépin présente des caractéristiques œnologiques dont le vinificateur tient compte pour élaborer son vin.

La rafle

Rattachée aux sarments de la vigne, la rafle forme la charpente végétale de la grappe. De son axe partent des ramifications. Chaque pédicelle (la plus petite de ces ramifications) présente un bourrelet où se fixe une baie. La rafle reste sur la vigne lorsque les vendanges sont mécaniques. Les vendanges manuelles la conservent, mais on peut l'éliminer par une opération mécanique appelée éraflage ou égrappage.

La baie

☐ La cuticule recouvre la pellicule du grain de raisin en une couche résistante et le protège des agressions extérieures. La cuticule est elle-même recouverte d'une couche cireuse de pruine sur laquelle se fixent des bactéries et des levures.

☐ La pellicule est un ensemble de plusieurs couches cellulaires qui enveloppent la baie et qui renferment des composés aromatiques et des polyphénols : tanins et pigments colorés. Les pigments jaunes des raisins blancs (flavonoïdes) n'ont aucune incidence sur la couleur des vins blancs, mais les pigments des raisins rouges (anthocyanes) confèrent aux vins rouges jeunes leur couleur, par le contact prolongé des pellicules avec le jus lors de la vinification.

☐ La pulpe contient le jus du raisin qui forme le moût quand il est recueilli dans la cuve. Contenu dans de grosses cellules, ce jus renferme principalement de l'eau, mais aussi des sucres, des acides et de nombreux autres composants. Le jus est incolore quelle que soit la nature du cépage blanc ou rouge, à l'exception de rares cépages teinturiers dont la pulpe est colorée par des pigments rouges. Ainsi des vins blancs peuvent être élaborés à partir de raisins rouges si on prend garde d'éviter tout contact avec les pellicules.

☐ Les pépins sont localisés au centre du grain. Il faut éviter de les écraser lors du pressurage pour qu'ils ne libèrent pas de l'huile et des tanins très grossiers.

L'évolution de la baie au cours de la maturation

Au printemps, des ébauches florales se forment dans les bourgeons et sont les précurseurs des grappes qui n'apparaîtront qu'au printemps un an plus tard. Au printemps, les bourgeons éclatent et font naître des rameaux sur lesquels se fixent les futures grappes appelées inflorescences. En juin, lors de la floraison de la vigne, du pollen est libéré et féconde les pistils : c'est la nouaison. Le grain, toujours vert, car riche en chlorophylle, grossit mais ne renferme que peu de sucre. C'est à la véraison, au mois d'août, que le grain prend une couleur jaune translucide pour les blancs et rouge sombre pour les raisins rouges.

Dès lors et jusqu'à la maturité du raisin en automne, le sucre ne cesse de s'accumuler dans les baies et l'acidité diminue.

LA BAIE

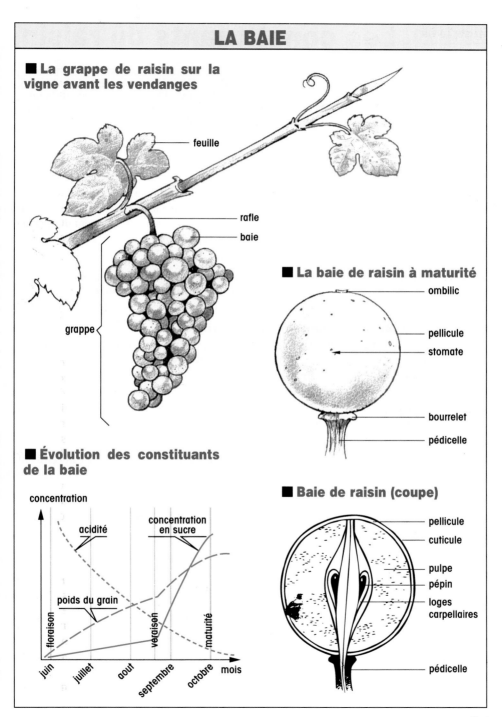

■ La grappe de raisin sur la vigne avant les vendanges

feuille

rafle

baie

grappe

■ La baie de raisin à maturité

ombilic

pellicule

stomate

bourrelet

pédicelle

■ Évolution des constituants de la baie

concentration

acidité

concentration en sucre

poids du grain

floraison

véraison

maturité

juin juillet août septembre octobre mois

■ Baie de raisin (coupe)

pellicule

cuticule

pulpe

pépin

loges carpellaires

pédicelle

DU RAISIN AU VIN
LES VINIFICATIONS
LES SPÉCIALITÉS
L'ÉLEVAGE
LES LIEUX
LE CHOIX

Les constituants du raisin

La phase de maturation du raisin s'étend de la véraison, moment où le fruit vert change de couleur, jusqu'à sa maturité. Avant que le raisin ne soit mûr, de multiples transformations se produisent dans la baie qui grossit : eau, sucres, composés phénoliques s'accumulent dans les grains. L'acidité diminue.

L'eau : le constituant principal du jus

70 % du jus environ est composé d'eau. Pendant la période de maturation, l'eau s'accumule dans la baie, la fait grossir et dilue les acides qu'elle contient. Un apport excessif en eau, dû aux conditions climatiques ou au terrain, peut engendrer un éclatement des grains propice à la pourriture grise ou nuire à la concentration du vin.

Les sucres : les précurseurs de l'alcool du vin

Le glucose et le fructose s'accumulent dans la pulpe dès la véraison au mois d'août. Ces sucres proviennent des feuilles et migrent par la sève jusqu'au fruit. La concentration est de vingt grammes par litre à la véraison et atteint deux cents grammes par litre à la maturité.

Les acides : acide malique et acide tartrique

☐ L'acide malique est synthétisé par les parties chlorophylliennes de la vigne. Sa concentration est maximum à la véraison et diminue progressivement de 75 % par dilution et surtout dégradation biochimique quand la température est supérieure à trente degrés.

☐ L'acide tartrique est plus stable que l'acide malique car il est moins affecté par les phénomènes biochimiques sauf lorsque la température s'élève au-dessus de trente-cinq degrés. Entre la véraison et la maturité sa concentration diminue de 50 %, surtout par dilution.

Les composés phénoliques : les anthocyanes et les tanins

☐ Les anthocyanes sont responsables de la couleur des vins rouges jeunes. De la véraison jusqu'à quelques jours après la maturité, elles s'accumulent dans la pellicule, surtout si la vigne est vigoureuse et le temps chaud et sec.

☐ Les tanins, molécules complexes contenues dans les pellicules, interviennent lors du vieillissement du vin : ils participent progressivement à la couleur des vins rouges et prennent le relais des anthocyanes qui disparaissent. La couleur tuilée, rouge-orangé, des vins très vieux est due exclusivement aux tanins.

Les arômes

Le muscat, le gewurztraminer, le sauvignon, etc. se caractérisent par leurs arômes spécifiques provenant généralement de la pellicule des raisins. Les molécules aromatiques, appelées terpènes, sont libérées dans le moût ou au cours des fermentations grâce aux levures.

L'hexanal

L'hexanal est une substance désagréable, au goût herbacé, présente dans les rafles et les pellicules des raisins manquant de maturité. Pour éviter sa présence dans le vin, il convient de vendanger des raisins suffisamment mûrs et de limiter les lacérations des rafles lors de l'égrappage.

LES FACTEURS QUI INFLUENCENT LA QUALITÉ

Les maladies qui atteignent la vigne déprécient la quantité et la qualité du raisin. La lutte contre ces maladies est un souci permanent pour le viticulteur. Il n'est pas rare que douze à quatorze traitements phytosanitaires soient effectués sur le vignoble. Progressivement, les campagnes de traitement sont mieurx raisonnées et les produits de traitement respectent davantage la faune et la flore.

Maladies (agents responsables)	Symptômes	Conséquences sur le raisin et le vin
L'oïdium (champignon)	Un blanchissement des rameaux et des baies apparaît. Les grains éclatent au fur et à mesure qu'ils grossissent.	- Accroissement du risque de pourriture du fait de l'éclatement des baies. - Perte de récolte - Odeur de moisi dans le vin.
Le mildiou (champignon)	Le mildiou provoque des dégâts surtout sur les grappes qu'il dessèche totalement (maladie du rot brun). Les feuilles peuvent être attaquées, ce qui réduit leur photosynthèse.	- Perte de récolte à cause du rot brun. - Déficit en sucre de la baie à Cause de la maladie sur feuille. - Odeur de moisi dans le vin.
Le black rot (champignon)	La baie se dessèche et noircit.	- Perte de récolte. - Manque de maturité du raisin. - Apparition de mauvais goût dans le vin.
La pourriture grise (champignon)	Cette maladie altère gravement le raisin. Les baies se couvrent d'une poudre grise. Les vers de la grappe (larves de papillon) trouent les pellicules et favorisent la pourriture.	- Perte de jus. - Développement de moisissures et de bactéries dans le jus des baies éclatées. - Aigreur dans le vin. - Apparition d'une enzyme qui peut détruire la couleur du vin.
Les attaques d'araignées (araignée)	Les araignées s'attaquent aux feuilles et se nourrissent de leur sève. La photosynthèse est perturbée.	- Perte de sucre et déminution de la couleur dans le vin

La culture de la vigne

Liane à l'état sauvage, la vigne a été domestiquée par les Égyptiens, les Grecs et introduite en France lors des invasions romaines. Sait-on assez qu'un bon vin dépend en premier lieu d'un raisin de qualité ? De la taille des mois d'hiver aux vendanges de l'automne, nombreux sont les travaux et les soins à apporter à la vigne.

La vigne

☐ Les cépages. On appelle cépage une variété de vigne. Chaque cépage présente des caractères propres d'adaptation à un type de sol et de résistance aux maladies.

☐ Les vignes greffées. La quasi-totalité des raisins de cuve est issue de cépages européens du genre *vitis vinifera*. Comme, à la fin du siècle dernier, un puceron maléfique, le phylloxéra, s'est attaqué aux racines de ces vignes, on a dû les greffer sur des plants américains qui lui résistent.

Le cycle végétatif et les travaux du viticulteur

Périodes	État végétatif	Description	Travail de l'homme
oct.-mars	*Repos végétatif*	La vigne vit sur ses réserves et résiste au gel jusqu'à −17°.	*La taille :* pour une production de qualité, on limite le nombre des bourgeons.
avril	*Débourrement* *Croissance* *des sarments*	Les bourgeons s'ouvrent. Le risque de gel est important. −2° suffisent à compromettre la récolte.	
mai juin		Les rameaux poussent avec des inflorescences : ébauche de grappes.	*Épamprage :* élimination des rameaux issus des bois anciens (ils puisent sur les réserves de la vigne).
juillet	*Floraison*	Les petites fleurs libèrent leur pollen. Fécondation des pistils par le pollen pour former des baies qui restent vertes.	*Rognage :* pour limiter le développement des rameaux, la vigne est taillée en haies par une rogneuse.
août	*Véraison*	Changement de couleur de la baie par perte de chlorophylle : translucide pour les raisins blancs, rouge par accumulation d'anthocyanes pour les raisins rouges.	*Traitements :* pour lutter contre les maladies (mildiou, oïdium, pourriture, black rot), les araignées, les vers de la grappe, le viticulteur traite ses vignes tous les 8 à 15 jours, du printemps au mois d'août.
septembre	*Maturation* *Maturité*	Les rameaux brunissent et le raisin grossit. Les sucres s'y accumulent. Le raisin est mûr.	*Vendanges*

① **Le palissage :** les fils de fer permettent de maintenir la vigne sous forme de haie. Les techniques changent suivant les régions. Certains modes de taille ne nécessitent pas de palissage comme la taille en gobelet.

② **Les vrilles :** la vigne est une liane. Les vrilles permettent aux sarments de s'accrocher aux fils de fer.

② **Les feuilles :** lieu de photosynthèse, elles fabriquent du sucre qui s'accumule dans le raisin.

④ **Rameaux d'un an :** ils portent les grappes. Ils sont verts au printemps puis ils brunissent au mois d'août pour devenir sarments.

⑤ **Sarments de deux ans :** leurs bourgeons donnent des rameaux fructifères, c'est-à-dire portant des grappes.

⑥ **Les gourmands :** ces rameaux qui poussent sur le tronc sont éliminés au printemps. Ils sont peu ou pas fructifères.

⑦ **Bourrelet de greffage :** il est à la jonction entre la partie aérienne et le porte-greffe qui donne les racines.

⑧ **Le système racinaire :** les racines permettent à la vigne de prélever les éléments nécessaires à sa survie (eau, éléments, minéraux). Dans certains sols (graves, sables) les racines peuvent s'enfoncer de plusieurs mètres en profondeur.

DU RAISIN AU VIN

LES VINIFICATIONS

LES SPÉCIALITÉS

L'ÉLEVAGE

LES LIEUX

LE CHOIX

La vendange

Les vendanges représentent pour le viticulteur la concrétisation du travail de toute une année dans son vignoble. C'est également une étape cruciale pour le vin à venir. Que la récolte s'effectue manuellement ou mécaniquement, il faut d'abord savoir apprécier quand le raisin est prêt à être ramassé.

La date des vendanges : une détermination complexe

☐ La maturité du raisin : elle est atteinte à l'arrêt de la migration du sucre des feuilles vers les baies. La teneur en sucre du raisin est alors optimale. Pour les vins rouges, la date des vendanges se situe souvent quinze jours après maturité pour permettre une concentration maximale de couleur dans la pellicule et pour renforcer les arômes de raisin mûr. Les vins blancs, au contraire, exigent souvent une récolte avant maturité totale pour conserver une certaine acidité et préserver les arômes de fruité.

☐ Le choix de la date : autour de la date présumée (cent dix jours environ après la floraison), le viticulteur prélève quelques grappes en plusieurs endroits et en évalue la teneur en sucre et l'acidité. Il fixe la date des vendanges en comparant ces valeurs avec celles des années précédentes et en se fiant à sa propre expérience. Il tient compte de la maturité, variable selon les cépages et les terroirs, du volume à récolter, du nombre de vendangeurs disponibles, de la présence de maladie ou des prévisions météorologiques.

Les deux techniques de récolte

☐ La vendange manuelle : les grappes de raisin sont coupées à l'aide d'un sécateur et déposées dans un panier. Le vendangeur verse ensuite sa cueillette dans une hotte soutenue par un porteur qui la déverse dans une benne.

☐ La vendange mécanique : les batteurs de la machine battent le feuillage et séparent les grains de la rafle qui reste sur la vigne. Le raisin tombe sur des tapis mécaniques qui le remontent dans des bennes. Des systèmes d'aspiration enlèvent préalablement les feuilles et les pétioles qui donneraient des goûts herbacés au vin.

De la vigne au chai

☐ Le transport de la vendange : la vendange est amenée au chai dans des bennes, des cagettes ou des comportes traditionnelles en bois mais de faible hauteur pour limiter l'écrasement du fruit. La décharge s'opère soit par basculement soit grâce à une vis d'Archimède complétée quelquefois d'une pompe mais qui accroît malheureusement le risque de trituration de la vendange.

☐ Le choix du tri : le tri peut se pratiquer dans la vigne par la sélection sur le pied des grappes à récolter. Une table de tri peut être également installée sur la remorque pour y éliminer les raisins pourris, altérés, manquant de maturité ou les corps étrangers (pétioles bois, feuilles). Le tri peut s'effectuer au chai avec l'utilisation d'une table de tri mécanique à la réception de la vendange. Disposés de part et d'autre d'un tapis roulant long de plusieurs mètres, les trieurs voient défiler la vendange et jettent les éléments indésirables.

■ La machine à vendanger

La machine en action dans le vignoble :
la machine enjambe le rang afin de ramasser le raisin.

Coupe d'une machine à vendanger
1. Les batteurs décrochent les raisins.
2. Les baies sont transportées dans des godets.
3. La vendange est nettoyée par des aspirateurs.
4. La vendange tombe dans une benne.

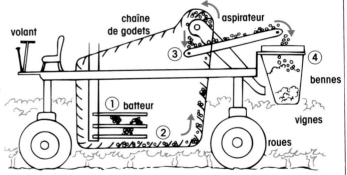

chaîne de godets · aspirateur · volant · batteur · bennes · vignes · roues

■ La vendange manuelle

Les coupeurs prélèvent les grappes de raisin et les posent dans des paniers. Ces paniers sont ensuite déchargés dans les hottes des porteurs.

comportes · remorque

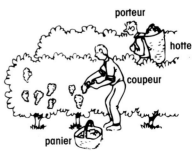

porteur · hotte · coupeur · panier

DU RAISIN AU VIN

LES VINIFICATIONS

LES SPÉCIALITÉS

L'ÉLEVAGE

LES LIEUX

LE CHOIX

La correction de la vendange

Le raisin récolté peut présenter des carences en sucre ou des défauts d'acidité préjudiciables à la qualité du vin. Le viticulteur dispose de plusieurs méthodes d'amélioration de la vendange.

La correction d'une vendange manquant de maturité

□ Causes et conséquences d'une mauvaise maturité : certaines conditions géographiques ou climatiques gênent la maturité. Des pluies abondantes diluent les constituants du grain ; un mauvais ensoleillement associé à des températures insuffisantes ralentit la migration des sucres. Dans les deux cas, la vendange souffre alors d'une carence en sucre. Elle peut par ailleurs comporter un excès d'acidité si la chaleur a été insuffisante et n'a pas permis le processus naturel de destruction partielle des acides du fruit.

□ Corriger la carence en sucre : une teneur du raisin trop faible en sucre entraîne une insuffisance du degré alcoolique. On compense cette carence en enrichissant le moût en sucre. On renforce ainsi les arômes du vin, car l'alcool est un support d'arômes, et la couleur du vin, car l'alcool a un pouvoir dissolvant des matières colorantes du raisin. On apporte plus d'onctuosité grâce à la formation d'un constituant appelé glycérol. Enfin, on diminue l'astringence et le caractère acide. Cet enrichissement du vin en sucre exige cependant de la modération. Un degré alcoolique exagérément relevé déséquilibrerait le vin avec, à la dégustation, des sensations de brûlures et une prépondérance de l'alcool par rapport aux autres caractères.

□ La technique de la chaptalisation consiste à ajouter au moût du sucre cristallisé blanc de betterave ou de canne. Ce sucre, dissous dans un faible volume de jus, est introduit dans la cuve en début de fermentation, lorsque les levures dégradent activement le sucre en alcool.

□ La technique du moût concentré : le moût concentré est une pâte visqueuse obtenue après concentration de moût, naturellement riche en sucre de raisin. Le moût concentré rectifié est débarrassé d'éléments inopportuns (acides et matières colorantes) et introduit en début de fermentation.

□ Les autres techniques : le moût de la cuve peut être partiellement concentré par chauffage ou congélation ou par un procédé d'osmose inverse, assez coûteux, qui récupère l'eau du moût à travers des membranes perméables à ce seul élément.

□ Corriger l'excès d'acidité : une acidité excessive du raisin renforce l'astringence et la nature brûlante de l'alcool. La désacidification du moût est possible en ajoutant du carbonate de calcium ou du bicarbonate de potassium en poudre pendant la fermentation alcoolique.

La correction d'une vendange trop peu acide

Certains cépages produisent des raisins trop peu acides. Mais ce défaut peut provenir aussi d'un temps excessivement chaud qui accroît la désacidification naturelle du raisin pendant la maturation et réduit exagérément la teneur en acide malique et tartrique dans les grains. Une carence en acide donne des vins mous et plats. Elle se corrige par ajout d'acide tartrique au moût avant ou en début de fermentation.

LA LÉGISLATION

■ **Carte de France des limites maximum
d'enrichissement en sucre
avec emplacement des vignobles**

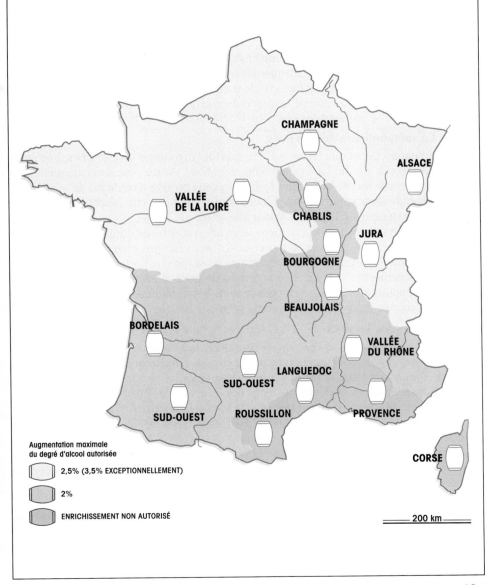

Augmentation maximale
du degré d'alcool autorisée

2,5% (3,5% EXCEPTIONNELLEMENT)

2%

ENRICHISSEMENT NON AUTORISÉ

200 km

DU RAISIN AU VIN

LES VINIFICATIONS

LES SPÉCIALITÉS

L'ÉLEVAGE

LES LIEUX

LE CHOIX

Les levures

La transformation du sucre du raisin en alcool est réalisée par les levures. Spores sur le raisin, elles ne se développent qu'au contact direct du jus sucré lors de la vinification.

▬▬▬ L'anatomie des levures

Les levures sont des champignons microscopiques qui transforment naturellement le sucre du raisin en alcool. Ces micro-organismes vivants ont une anatomie extrêmement simplifiée. Les levures se composent d'une cellule unique limitée par une membrane doublée d'une paroi, avec un noyau qui est le réservoir de gènes et un cytoplasme qui est le contenu cellulaire où se réalisent les réactions biochimiques de la fermentation alcoolique.

▬▬▬ Le métabolisme des levures

☐ La fermentation alcoolique : la levure, comme tout organisme vivant, a besoin d'énergie pour assurer sa survie. La fermentation alcoolique est un processus intracellulaire qui consiste pour la levure à dégrader le sucre qu'elle prélève dans le jus de raisin pour en tirer l'énergie dont elle a besoin. L'alcool qui résulte de cette réaction énergétique est rejeté à l'extérieur de la levure : pour elle, c'est un déchet !

☐ Les réactions enzymatiques : la paroi de la levure renferme de nombreuses molécules appelées enzymes. Ces enzymes, indispensables aux réactions chimiques qui assurent la vie des levures, ont également des répercussions sur le vin. Cette action enzymatique persiste après la mort de la levure et s'accompagne de la diffusion dans le vin d'alcools supérieurs, supports d'arômes. C'est pourquoi on laisse certains vins blancs au contact des levures mortes dans le cas de conservation sur lies (ex. : le muscadet).

▬▬▬ La vie des levures

☐ Les spores : quand les conditions de vie sont défavorables, les levures vivent au ralenti sous forme de spores. Elles prolifèrent sur la couche cireuse qui recouvre la pellicule des raisins mais aussi sur le sol et les murs des chais de vinification.

☐ Les éléments propices au développement des levures : lors de la vinification, les spores se trouvent directement en contact avec le jus sucré qui permet aux levures de passer d'une vie au ralenti à une vie active. La température du jus doit cependant être supérieure à quinze degrés.

☐ La croissance et la mort des levures : la population des levures se multiplie rapidement au début de la fermentation alcoolique, puis stagne et décroît. Le milieu extérieur leur devient en effet de moins en moins favorable : l'alcool qu'elles produisent est aussi un déchet toxique qui, à dose élevée, les tue.

☐ La sélection des souches de levure : si environ trois cents espèces de levure existent, seule une dizaine intervient dans le vin. En début de fermentation, les *hanseniaspora uvarum* et les *kloeckera apiculata* agissent mais, sensibles au soufre apporté au vin et à l'alcool, elles sont rapidement relayées par les *saccharomyces cerevisiae*, levures principales de la fermentation.

14

LES SOUCHES DE LEVURES

Les caractéristiques des différentes souches de levures diffèrent et sont plus ou moins appréciables pour le vin. On définit ainsi les qualités d'une levure selon :
- sa résistance à l'alcool : la levure supporte différemment la toxicité de l'alcool. Plus elle résiste à un degré alcoolique élevé plus elle pourra fermenter la totalité des sucres ;
- son rendement alcoolique : le rendement alcoolique correspond à la quantité de sucre que doit dégrader la levure pour former un degré d'alcool. Ce rendement est variable selon les souches de levures. Pour les *Saccharomyces cerevisiae* quinze à dix-huit grammes de sucre par litre suffisent à former un degré d'alcool ;
- sa capacité à révéler les arômes du raisin et à former des arômes fermentaires ;
- sa faible tendance à former de l'acide acétique et de l'acétate d'éthyle, ces deux composants issus de l'activité de la levure nuisent à la qualité du vin en donnant un caractère vinaigré au vin.

Souches de levure	Résistance à l'alcool (degré maximal auquel elle survit)	Remarques
Hanseniaspora uvarum Kloeckera apiculata	4 %	Leurs spores abondent sur les raisins. Ces levures disparaissent rapidement, car elles ne résistent pas au soufre ajouté au vin et à l'alcool qu'elles produisent. Leur rendement alcoolique est très mauvais, la production d'acide acétique et d'acétate d'éthyle est très importante.
Saccharomyces cerevisiae	15 %	C'est la levure qui assure principalement la fermentation alcoolique. Son rendement alcoolique est élevé. La quantité d'acide acétique produit est faible.
Saccharomyces bayanus	18 à 20 %	Elle assure la fin des fermentations des vins riches en alcool. Le rendement alcoolique est semblable à celui de la *cerevisiae* mais elle produit plus d'acide acétique.
Saccharomyces rosei	8 %	Traitée industriellement, elle peut être ajoutée au moût en début de fermentation alcoolique d'autant qu'elle produit peu d'acide acétique. Sa résistance à l'alcool est faible et à partir de 8 % d'alcool, les *Saccharomyces cerevisiae* prennent le relais.
Saccharomycodes ludwigii	16 %	Levure indésirable qui se développe dans les bouteilles des vins liquoreux. Elle refermente les sucres résiduels et produit de l'acide acétique et du gaz carbonique qui rend les vins blancs pétillants. Elle résiste au soufre mais est éliminée par la chaleur.
Schizosaccharomyces	16 %	Elle provoque les mêmes effets que les *Saccharomycodes ludwigii* mais est beaucoup plus résistante à la chaleur.
Brettamocyces vini		Son odeur provoque une odeur désagréable de « souris ».
Hansenula et Pichia		Ces deux souches se développent quand le vin est au contact de l'air et produisent beaucoup d'acide acétique. Il faut prévenir leur apparition en veillant au remplissage complet des cuves et des barriques.

DU RAISIN AU VIN

LES VINIFICATIONS

LES SPÉCIALITÉS

L'ÉLEVAGE

LES LIEUX

LE CHOIX

La fermentation alcoolique

La fermentation alcoolique est une suite de réactions chimiques qui permet d'obtenir, à partir du sucre du raisin, de l'alcool ainsi que du glycérol, des arômes, du gaz carbonique.

Le mécanisme chimique de la fermentation alcoolique

☐ La glycolyse comprend les réactions chimiques qui, à partir du sucre, assurent la libération d'énergie sous forme de molécules d'ATP. Au terme de ces réactions se forme l'acide pyruvique qui doit disparaître pour que la dégradation des sucres se poursuive. Dans ce milieu riche en sucre et pauvre en oxygène, la levure ne peut recourir à la respiration pour transformer cet acide. Un autre processus d'élimination est mis en place : la fermentation alcoolique.

☐ La fermentation alcoolique proprement dite permet la transformation de l'acide pyruvique et conduit à un produit final de dégradation, l'éthanol, qui est l'alcool du vin. Il est pour la levure un déchet dont elle se débarrasse dans le moût de raisin. À partir de ces réactions fermentaires, la levure obtient le recyclage d'une molécule ($NADH_2$, NAD) réutilisée pour la réalisation de la glycolyse.

☐ La fermentation glycéropyruvique est la seconde voie de dégradation des sucres et du recyclage du $NAdH_2$, NAD. Cette fermentation est favorisée lors des fortes croissances des levures, lorsque le jus de raisin est très sucré en début de fermentation (moûts très sucrés des vins liquoreux ou enrichi en sucre par chaptalisation). Le glycérol, produit final, assure une partie de l'onctuosité du vin.

☐ D'autres composés secondaires sont rejetés dans le moût à l'issue des processus fermentaires : acide acétique (composant du vinaigre), alcools supérieurs (supports d'arômes) et acide citrique. Par ailleurs, les molécules aromatiques sont synthétisées et sont responsables d'arômes rappelant certains fruits comme la banane. Mais ces arômes de fermentation, dits secondaires, s'évanouissent rapidement.

Les facteurs influençant la fermentation alcoolique

☐ La température : le démarrage de la fermentation alcoolique par les levures est spontané si la température du moût est supérieure à quinze degrés. Ensuite la fermentation provoque un dégagement de chaleur. Si le moût est trop chaud (au-delà de trente-cinq degrés), les levures risquent de stopper le processus fermentaire. On régule la température du vin pour vinifier entre vingt-huit et trente-deux degrés pour les vins rouges et entre dix-huit et vingt degrés pour les vins blancs, une température plus basse favorisant les arômes des vins blancs.

☐ L'oxygénation du moût : on aère le moût lors d'un passage dans un bac à l'air libre. L'oxygène est indispensable à la survie des levures car il favorise les échanges entre les levures et le moût en accroissant la perméabilité des membranes.

☐ L'éthanol : au fur et à mesure que l'éthanol est rejeté dans le moût, il gêne le travail des levures, tandis que les acides gras présents dans le moût bloquent la perméabilité des membranes de ces levures. Pour contrecarrer l'action des acides gras, le vinificateur ajoute parfois des parois de levures mortes appelées écorces de levures.

FERMENTATION ALCOOLIQUE ET LEVURAGE

■ Réaction détaillée de la fermentation alcoolique

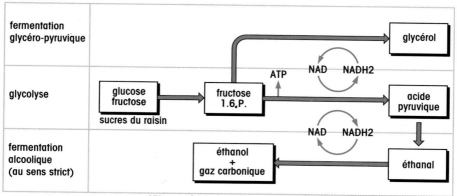

ATP : molécule énergétique   NAD, NADH2 : transporteurs d'électrons

■ Le levurage

Le rôle du levurage : Pour accélérer le départ de la fermentation alcoolique, en assurer un meilleur achèvement, le vinificateur ajoute au moût des levures. Cette opération de levurage s'étend depuis l'apparition sur le marché de levures industrielles sélectionnées.

Les levains traditionnels : Pour faciliter le démarrage de la fermentation alcoolique, on prélève, avant les vendanges, du raisin qu'on laisse fermenter. Ce levain, introduit dans les cuves, ensemence le moût en levures déjà très actives. De nombreux viticulteurs restent fidèles à ce procédé d'utilisation des levures indigènes.

L'utilisation des levures sélectionnées : Les techniques industrielles ont permis de sélectionner certaines souches de levures. Les souches isolées répondent à plusieurs critères qualitatifs. Ces levures poursuivent la dégradation des sucres même lorsque le milieu est riche en alcool en fin de fermentation. Ces espèces assurent un meilleur rendement alcoolique en fabriquant plus d'alcool pour une même quantité de sucre. Elles fabriquent moins d'acide acétique préjudiciable à la qualité du vin. Ces levures produisent peu d'hydrogène sulfureux qui transmet au vin une odeur désagréable d'œuf pourri. Certaines variétés de levures, appelées levures aromatiques, peuvent apporter des substances très odorantes recherchées particulièrement pour les vins blancs et les vins rouges primeurs.

La pratique du levurage : Les levures sélectionnées se présentent sous forme de levures sèches actives (LSA). Desséchées sous forme de poudre, elles sont conditionnées sous vide. À raison de dix à vingt grammes par hectolitre, elles sont réhydratées dans de l'eau pendant une demi-heure avant d'être introduites dans le moût.

DU RAISIN AU VIN

LES VINIFICATIONS

LES SPÉCIALITÉS

L'ÉLEVAGE

LES LIEUX

LE CHOIX

La fermentation malolactique

La fermentation malolactique succède à la fermentation alcoolique. Cette deuxième fermentation est indispensable à l'élaboration des vins rouges dont elle diminue l'acidité.

▬▬▬ Les apports de la fermentation malolactique

☐ **Une désacidification naturelle** : la fermentation malolactique transforme l'acide malique en un acide plus agréable, l'acide lactique, qui atténue l'astringence du vin et renforce la couleur des vins rouges.

☐ **Une modification aromatique** : de nouveaux arômes apparaissent (ex : le diacétyle à l'odeur de beurre frais). Les arômes primaires issus du raisin et les arômes secondaires produits par la fermentation alcoolique s'atténuent voire disparaissent.

☐ **Une stabilisation biologique** : après la fermentation malolactique, le vin est moins sujet à d'autres attaques bactériennes ou levuriennes qui altèreraient le vin.

☐ **Des bénéfices exploités seulement pour certains vins** : on empêche le déclenchement de la fermentation malolactique pour un grand nombre de vins blancs en ajoutant du soufre après la fermentation alcoolique. Les vins blancs doivent préserver une certaine acidité, support de leur fraîcheur, et conserver leurs arômes, ceux du fruit et ceux de la fermentation alcoolique.

▬▬▬ Les conditions de la fermentation malolactique

☐ **Les agents de la fermentation** : les bactéries lactiques responsables de la fermentation malolactique sont présentes naturellement dans le moût. Durant toute la fermentation alcoolique, les levures qui opèrent la dégradation du sucre et le soufre apporté par le vinificateur inhibent l'action des bactéries lactiques et éliminent les souches indésirables. (Si les bactéries lactiques se développaient en présence de sucre, elles formeraient de l'acidité volatile en excès.) À l'issue de la fermentation alcoolique, les levures meurent et les bactéries lactiques peuvent se développer. Elles se multiplient, consomment l'acide malique, et rejettent de l'acide lactique.

☐ **Les conditions favorables à la fermentation** : la température du vin doit être comprise entre dix-sept et vingt degrés et le PH entre 3 et 3,6. Mais, même lorsque toutes les conditions favorables semblent réunies, le déclenchement de la fermentation malolactique, processus difficile à maîtriser, n'est pas systématique.

☐ **Le départ et l'achèvement de la fermentation malolactique** : la fermentation peut commencer quelques jours après la fermentation alcoolique, mais, plus généralement, dans les deux mois qui suivent. Si les conditions de température des cuves n'ont pu être maintenues, la fermentation malolactique peut se déclencher tardivement, au printemps. L'achèvement de la fermentation malolactique est déterminé par analyse chimique (disparition de l'acide malique). On ajoute alors du soufre au vin pour éviter tout autre développement bactérien et levurien ultérieur et protéger le vin des oxydations.

RÉACTION, ÉVOLUTION ET TECHNIQUE

■ Réactions chimiques de la fermentation malolactique

Les bactéries lactiques dégradent l'acide malique ainsi que l'acide citrique.

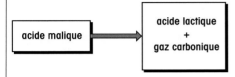

dégradation de l'acide malique

acide malique → acide lactique + gaz carbonique

dégradation de l'acide citrique

acide citrique → diacétyle + acétate d'éthyle + acide acétique

■ Évolution de certains constituants du vin au cours de la fermentation malolactique

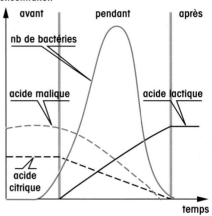

concentration

avant — pendant — après

nb de bactéries

acide malique — acide lactique

acide citrique

temps

■ L'ensemencement bactérien

La fermentation malolactique est un processus dont le déclenchement est difficilement maîtrisé. La recherche œnologique a permis la production industrielle de bactéries lactiques qui déclenchent cette fermentation. Ces bactéries doivent être réhydratées avant d'être introduites en quantité importante dans la cuve. Toutefois si l'utilisation de levures industrielles activant la fermentation alcoolique est une pratique courante dans les chais, l'ensemencement bactérien, très onéreux, demeure encore une phase d'expérimentation. Les vinificateurs utilisent par ailleurs une pratique traditionnelle. Ils introduisent dans le vin des lies ou des vins de presse issus d'une autre cuve où ils ont déjà effectué leur fermentation malolactique : ils sont ainsi assurés d'ensemencer la nouvelle cuve en bactéries lactiques.

■ La fermentation malolactique : une découverte récente

Avant les années 60, la fermentation malolactique était un processus inconnu. Mais si elle ne se produisait pas lors de l'élaboration ou de l'élevage du vin, le risque était qu'elle se déroule tardivement en bouteille suite au réchauffement du vin, avec un pétillement du vin à cause d'un dégagement de gaz carbonique fermentaire. Ce pétillement accidentel renforçait également l'astringence et l'acidité du vin à la dégustation. Révélée uniquement lors de tels incidents, la fermentation malolactique était considérée non comme un processus normal mais comme une maladie. Aujourd'hui, les œnologues disposent de techniques d'analyse qui permettent de déterminer, avant la mise en bouteille, si la fermentation a eu lieu. La chromatographie sur papier ou des méthodes enzymatiques évaluent de façon fiable la teneur en acide malique dans le vin.

DU RAISIN AU VIN

LES VINIFICATIONS

LES SPÉCIALITÉS

L'ÉLEVAGE

LES LIEUX

LE CHOIX

L'utilisation du soufre

À partir du XVIIIᵉ siècle, le soufre a permis d'assurer au vin une meilleure conservation en évitant que le vin ne se transforme en vinaigre. Depuis aucun substituant aussi efficace ne l'a remplacé. Le soufre possède, en effet, de nombreuses propriétés intervenant dans les différentes phases de l'élaboration du vin.

▬▬▬ Les propriétés du soufre

Le soufre est antioxydant (il protège le vin de l'action néfaste de l'oxygène), antiseptique (il empêche le développement des bactéries et inhibe certaines souches de levure) et antifongique (il évite l'apparition de moisissures).

▬▬▬ Le sulfitage du moût avant la fermentation alcoolique

On ajoute du soufre à la vendange au moment même de la mise en cuve, pour inhiber l'action de certaines enzymes présentes dans le raisin et qui pourraient décolorer le vin. Le soufre réduit également les oxydations du jus qui détériorent les composés aromatiques et inhibe les levures indésirables. Le soufre retarde aussi le développement des bactéries lactiques qui ne doivent intervenir qu'après la fermentation alcoolique. Enfin on utilise du soufre dans le jus destiné aux vins blancs pour retarder, en plus, le départ de la fermentation alcoolique : il faut préalablement clarifier le jus en éliminant les plus grosses particules lors d'un débourbage.

▬▬▬ Le soufre au cours de la fermentation alcoolique

Le soufre disparaît au cours de la fermentation alcoolique en se combinant avec l'éthanal formé par les levures. L'apport de soufre supprime le goût d'évent (= goût de pomme trop verte) dû à l'éthanal produit par les levures.

▬▬▬ Le sulfitage après la fermentation alcoolique

On pratique un second sulfitage à des moments différents de la fermentation selon le type de vin vinifié. Pour les vins blancs liquoreux et moelleux qui sont des vins sucrés, le sulfitage intervient au cours de la fermentation alcoolique et l'interrompt. Une partie des sucres du raisin est ainsi conservée. Pour les vins blancs secs, l'apport de soufre est effectué après achèvement de la fermentation alcoolique pour empêcher le déclenchement de la fermentation malolactique. Cela préserve leur acidité, donc la sensation de fraîcheur recherchée. Pour les vins rouges et les vins blancs de garde, on attend la fin de la deuxième fermentation, la fermentation malolactique, pour sulfiter.

▬▬▬ Le sulfitage au cours de la conservation du vin dans les chais

Il faut impérativement maintenir la concentration du soufre qui a tendance à disparaître. Le soufre empêche, en effet, le développement de bactéries acétiques qui synthétisent de l'acide acétique et de l'acétate d'éthyle, deux composants du vinaigre. L'apport de soufre supprime le goût d'évent, odeur désagréable, dû à la présence d'éthanal produit par des levures. La combinaison avec le soufre fait perdre à l'éthanal son odeur désagréable de pomme trop verte.

LE SULFITAGE

■ Pratique du sulfitage

Le soufre peut être apporté sous forme liquide en solution de 6 %, 8 %, 18 %, sous forme gazeuse ou encore en poudre. Pour les barriques, on dispose de mèches, de pastilles et même de comprimés efferves - cents.

Une fois administré au vin, le soufre se pré - sente sous deux formes : un tiers du soufre est combiné à d'autres molécules du vin et principalement à l'alcool et aux sucres. Les deux tiers du soufre sont sous forme libre (HSO_3 et H_2SO_3). Le vinificateur ne tient compte que de la concentration en soufre libre, seul à opérer une action antioxy - dante, antiseptique et antifongique. Régu - lièrement, un échantillon de vin est soumis à une analyse chimique qui évalue la teneur de soufre libre dans le vin.

Les doses

Doses se soufre à apporter
au moût avant fermantation

Nature de la vendange		Sulfitage
Vendange des vins rouges	Raisins sains	3 à 6 grammes par hl
	Raisins pourris	5 à 10 grammes par hl
Vendange des vins blancs	Raisins sains	5 à 10 grammes par hl
	Raisins pourris	8 à 12 grammes par hl

La vendange pourrie est davantage sulfi - tée car elle contient une enzyme qui alté - rerait le moût par oxydation.

Teneur moyenne de soufre libre à respec - ter afin que le vin se conserve.

Vin rouge	25 milligrammes par litre
Vin blanc sec	30 milligrammes par litre. Le vin est moins riche en tanins protecteurs d'oxydation, la dose est plus élevée que pour le vin rouge.
Vin blanc liquoreux	50 milligrammes par litre. La dose est éle - vée pour éviter le développement de levures qui refermenteraient les sucres résiduels.

■ Le méchage des barriques

Après avoir allumé la mèche ou la pastille, la bonde à soufrer qui les supporte, est introduite dans la barrique. Lorsque la combustion est complète la bonde à sou - frer est ôtée et la barrique fermée.

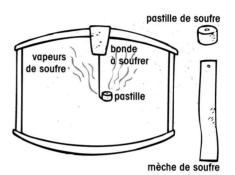

pastille de soufre

vapeurs de soufre

bonde à soufrer

pastille

mèche de soufre

■ La polémique du soufre

L'utilisation du soufre n'est pas sans incon - vénients. À forte dose, son odeur est désa - gréable et, à la limite, peut évoquer l'œuf pourri. Autre reproche : les vins surdosés en soufre (surtout des vins blancs) provo - quent maux de tête et troubles digestifs. Depuis une dizaine d'années, la générali - sation des contrôles et une meilleure tech - nicité ont permis de réduire fortement les concentrations en soufre pour les situer au - dessous des seuils de perception et de toxicité.

Pour la majorité des œnologues, le soufre semble encore indispensable pour la conservation et la maturation des vins rouges de garde. Cependant, depuis quelques années, des vinificateurs adeptes des méthodes biologiques essaient de l'éliminer totalement. Les vins ainsi produits sont sou - vent plus sensibles à l'oxydation. Surtout s'ils sont pauvres en tanin agents antioxydants. Leur tenue au vieillissement est en géné - ral plus faible que celle des vins soufrés.

21

DU RAISIN AU VIN
LES VINIFICATIONS
LES SPÉCIALITÉS
L'ÉLEVAGE
LES LIEUX
LE CHOIX

Les constituants du vin

Près de six cents molécules composent le vin et se répartissent en six catégories principales : eau, alcools, acides, sucres, polyphénols, composés aromatiques. Ces constituants évoluent dans le temps. Le vin est un produit vivant où persistent encore des inconnues, notamment la complexité aromatique.

L'eau

80 % du vin est constitué d'eau, contenue à l'origine dans la pulpe du raisin.

Les alcools

☐ L'éthanol : représentant à lui seul 99 % des alcools du vin, il donne une chaleur et un soutien aux arômes. Sa saveur légèrement sucrée atténue l'astringence et l'acidité du vin.
☐ Les alcools supérieurs : supports d'arômes, ils participent à la qualité du vin.
☐ Le glycérol : il est produit lors de la fermentation alcoolique et donne du « gras ».

Les acides

☐ L'acide tartrique : il est issu du raisin. Sa concentration chute au cours de la fermentation alcoolique par précipitation partielle sous forme de cristaux de tartre, puis au cours de la conservation du vin sous l'effet des basses températures.
☐ L'acide malique issu du raisin : des bactéries le transforment totalement en acide lactique plus agréable (cas des vins rouges et de quelques blancs secs).
☐ L'acidité volatile est principalement due à l'acide acétique formé par les levures, les bactéries lactiques mais surtout par les bactéries acétiques. La synthèse d'acide acétique se traduit dans le vin par une aigreur préjudiciable qui masque tous les autres composés aromatiques. On trouve souvent en parallèle de l'acétate d'éthyle, dont l'odeur rappelle la colle en tube, qui est le principal composant aromatique du vinaigre.

Les sucres

Pour les vins rouges et les vins blancs secs, la teneur en sucre est inférieure à 2 g/l correspondant à l'achèvement naturel de la fermentation alcoolique. Dans les blancs moelleux ou liquoreux, on cherche à conserver des sucres résiduels en la stoppant.

Les polyphénols

☐ Les anthocyanes sont contenues dans les pellicules des raisins rouges et responsables de la couleur des vins rouges jeunes. Au cours du vieillissement, les anthocyanes à l'état libre diminuent progressivement par précipitation et combinaison avec les tanins.
☐ Les tanins : responsables de l'astringence du vin, ceux-ci évoluent en s'agglomérant puis en précipitant. Le vin s'assouplit et change de couleur.

Les composés aromatiques

On distingue trois types de composés aromatiques. Les arômes primaires (ou variétaux) proviennent du raisin, les arômes secondaires (surtout des esters) naissent de la fermentation alcoolique et les arômes tertiaires (ou bouquets) apparaissent et se développent pendant le vieillissement.

SOUS-PRODUITS DU VIN

Au cours de la vinification, un certain nombre d'éléments sont éliminés du vin. Ces déchets proviennent essentiellement des lies, dépôts de particules solides, et du marc, ensemble de pellicules.
Des entreprises spécialisées se chargent de recycler ces sous-produits du vin.

Le viticulteur a obligation de livrer à l'état l'équivalent de 3 à 8 % d'alcool pur par rapport au volume total de sa récolte. Cette obligation légale, appelée prestations viniques, est respectée en adressant à la distillerie les marcs et les lies dont elle extrait l'alcool.

Résidus vinaires	Traitement effectué	Produit récupéré
Marc des vendanges rouges	Distillation	- Alcool - Utilisation du marc distillé comme engrais agricole
Marc des vendanges blanches	- Mise en silo du marc pour que s'effectue la fermentation alcoolique qui transforme le sucre en alcool - Distillation	- Alcool - Utilisation du marc distillé comme engrais agricole
Lies de soutirage et de colle	Distillation	- Alcool - Tartre
Tartre déposé sur les parois intérieures des cuves	Récupération des plaques de tartre déposées au cours de la fermentation alcoolique et de la conservation du vin. Les plaques sont décollées au marteau ou au chalumeau.	- Acide tartrique obtenu par décomposition du tartre avec de l'acide sulfurique. L'acide tartrique est utilisé dans l'industrie, l'agroalimentaire, la cosmétique.
Pépins de raisin	Broyage de pépins récupérés dans le marc	Huile de pépins de raisin, diététique car elle contient peu d'acides gras insaturés.

■ Concentration moyenne des constituants selon le type de vin :

Type de raisin Constituant $\longrightarrow$ $\downarrow$	Vin rouge	Vin blanc	Vin moelleux	Vin liquoreux
Alcool (en %)	11 → 14	10 → 13	13 → 15	14 → 18
Sucres résiduels (g/l)	inférieur à 2 g/l	inférieur à 2 g/l	supérieur à 30 g/l inférieur à 50 g/l	entre 50 et 120 g/l
acide tartrique	1 → 4	1 → 5	2 → 5	3 → 6
acide malique	0	0 → 5	0 → 5	0 → 5
acide acétique (g/l H_2SO_4)	0,25 → 0,6	0,25 → 0,6	0,3 → 0,7	0,4 → 1

DU RAISIN AU VIN
LES VINIFICATIONS
LES SPÉCIALITÉS
L'ÉLEVAGE
LES LIEUX
LE CHOIX

L'organisation des chais

La vendange est travaillée dans des lieux aux fonctions bien spécifiques jusqu'à l'obtention d'un vin commercialisable. La propriété viticole comprend généralement un cuvier de vinification et un cuvier d'élevage. L'organisation, les matériels diffèrent selon les options techniques de la propriété.

L'organisation générale des lieux de vinification

L'endroit où s'élabore le vin prend le nom de chai dans le Sud de la France et de cave en Champagne, Bourgogne et pays de Loire. Les bâtiments peuvent être construits en surface ou creusés dans la roche pour limiter les variations de température néfastes à la conservation du vin. On distingue généralement trois sites principaux dans un chai : le cuvier de vinification, qui rassemble les cuves destinées aux fermentations ; le cuvier d'élevage qui regroupe les cuves ou les barriques dans lesquelles on conserve le vin tout en travaillant sa bonification ; les bâtiments de mise en bouteille et de stockage du vin.

Le cuvier de vinification

☐ Les qualités d'un bon chai : le cuvier doit offrir une aération suffisante pour évacuer le gaz carbonique fabriqué lors de la fermentation alcoolique, gaz mortel à concentration excessive. L'hygiène indispensable au travail du vin est par ailleurs facilitée par des sols carrelés facilement nettoyables.

☐ La réception de la vendange est un endroit clé du cuvier de vinification. Les raisins sont déversés dans un conquet de réception, sorte de grand réservoir, muni d'une vis d'Archimède ou d'un tapis qui amènent la vendange jusqu'aux appareils qui la traitent mécaniquement. Ainsi les raisins destinés aux vins rouges sont écrasés, souvent débarrassés de leur rafle dans un fouloir-égrappoir. Les raisins des vins blancs sont égouttés, pressés immédiatement après réception. Une table de tri du raisin peut éventuellement précéder ces opérations. L'utilisation d'un conquet de réception est inutile si les bennes sont elles-mêmes équipées de vis d'Archimède ou de pompe. Toutefois le risque de lacération de la vendange amenant des goûts herbacés au vin est majoré.

☐ La mise en cuve de la vendange est opérée par des tuyaux et des pompes à débit lent qui respectent mieux la vendange.

☐ La cuverie : les cuves étaient traditionnellement en bois de chêne. Aujourd'hui, elles sont en ciment, en acier, et plus récemment en inox, qui est à ce jour le matériau le plus adapté aux impératifs de l'œnologie moderne : hygiène et régulation thermique.

Le cuvier d'élevage

Après les fermentations, le vin est conservé en cuve ou en barrique pour la phase de bonification. Les cuves utilisées sont le plus souvent celles qui ont servi à la vinification, mais certains chais disposent de cuves spécifiques. Dans le cas d'élevage en barrique, les fûts sont disposés sur des supports appelés tains.

Les meilleurs cuviers d'élevage respectent une température stable, de treize degrés environ avec une hydrométrie constante et modérée.

24

LES DIFFÉRENTES SORTES DE CUVES

Matériaux	Avantages	Inconvénients
Les cuves en bois Traditionnelles, elles sont en chêne, de forme tronçonnique et ouvertes	Esthétiques, elles sont aussi le vestige de toute une tradition viticole.	Elles sont difficiles à nettoyer. Des bactéries et des levures nuisibles peuvent loger dans le bois et altérer le vin. Les cuvaisons longues et la conservation du vin sont rendues difficiles par le manque d'herméticité à l'air. En outre, l'apport de tanins est négligeable, voire nul, quand elles sont trop vieilles.
Les cuves en ciment Souvent accolées les unes aux autres, elles forment des batteries de cuves. Elles sont beaucoup utilisées en caves coopératives.	Ce matériau de construction le rend économique à l'achat Elles sont faciles à nettoyer et sont parfaitement hermétiques.	Pour éviter le contact direct du vin avec le ciment, les cuves sont équipées d'un revêtement intérieur en tartre, en carreaux de céramique, en résine. L'intégrité de ces surfaces doit être parfaite pour éviter le développement de bactéries et de levures dans les fissures.
Les cuves en acier	Elles sont parfaitement hemétiques et faciles d'entretien.	Le revêtement intérieur en résine doit être intact pour isoler le vin du fer. En effet, une contamination en fer peut décolorer le vin (casse ferrique).
Les cuves en inox Généralement de forme cylindrique.	Ces cuves sont les plus faciles à entretenir d'autant qu'il n'y a aucun risque sérieux d'altération du matériau. L'inox est inerte et ne communique aucun goût au vin. La température des vins est aisément contrôlée par ruissellement d'eau froide ou chaude sur les parois extérieures. La régulation thermique est également possible en ceinturant la cuve de viroles dans lesquelles circule un fluide.	Le prix d'achat reste élevé. Il faut adapter la qualité de l'inox en fonction du vin. Certains inox sont fragilisés par des acidités et des sulfitages importants.
Les cuves en polyester Faites de résine mélangée à de la fibre de verre, elles sont peu utilisées.	Ces cuves sont les plus économiques à l'achat.	Fragiles et peu esthétiques, elles risquent surtout de transmettre des goûts de résine au vin si elles sont de piètre qualité.

25

Vinification des vins rouges

La vinification est l'ensemble des opérations nécessaires à l'élaboration des vins. En rouge, elle repose sur les fermentations et l'enrichissement des jus en couleur et en tanins.

Les opérations pré-fermentaires

☐ La réception de la vendange : le raisin récolté est transporté au chai et généralement réceptionné dans un conquet, sorte de cuve en forme d'entonnoir. Un système de vis sans fin conduit la vendange éventuellement sur une table de tri ou directement dans des appareils de traitement mécanique assurant un foulage associé souvent à un éraflage.
☐ Le foulage consiste à faire passer les grappes entre les rouleaux d'un fouloir pour les écraser légèrement, rompre la pellicule du raisin et libérer le jus contenu dans les baies.
☐ L'éraflage ou égrappage (facultatif) élimine les rafles, charpentes végétales qui soutiennent les grains et limite les goûts herbacés dans le vin.
☐ La mise en cuve : le mélange de jus, de pulpe, de pellicules et éventuellement des rafles est transporté dans la cuve par un système de pompage et de tuyaux. La vendange reçoit une dose de soufre pour limiter le développement de levures, de bactéries et de moisissures indésirables. Ce sulfitage bloque également l'action des oxydases, enzymes naturellement présentes sur le raisin ou apportées par la pourriture qui décoloreraient le vin.

La cuvaison : les fermentations et la macération

☐ La fermentation alcoolique : la transformation du sucre en alcool est opérée par des levures, micro-organismes qui se développent spontanément dès que la température du jus est suffisamment élevée. Cela provoque un dégagement de gaz carbonique qui dissocie dans la cuve deux étages de nature distincte : le jus (deux tiers du volume total de la cuve), surmonté d'un chapeau de marc. Le marc est une masse compacte formée des parties solides de la vendange : les débris de pulpe et de pellicules. La fermentation alcoolique dure quatre à dix jours. Elle est terminée lorsque le vin rouge contient moins de deux grammes de sucre par litre. Une seconde fermentation, la fermentation malolactique, désacidifie naturellement le vin lors de la cuvaison ou plus tard.
☐ La macération : le chapeau de marc est riche de substances contenues dans les pellicules des raisins, les anthocyanes qui apportent la couleur au vin rouge et les tanins qui apportent la structure. Pour transmettre ces éléments, le seul contact entre le marc et le moût n'est pas suffisant. Le vinificateur procède en général à des remontages qui consistent à prélever du jus à la base de la cuve et à en asperger le chapeau. Ce jus le traverse et se charge en molécules colorées et tanniques. La durée de cuvaison s'étend de une à quatre semaines selon la richesse en couleur et en tanins exigée par le type de vin vinifié. Macération et fermentation alcoolique sont simultanées.
☐ Les écoulages et le pressurage : l'écoulage permet de sortir la masse liquide de la cuve par un robinet (vin de goutte). Le pressurage comprime le marc pour libérer le liquide qu'il contient (vin de presse).

VINIFICATION EN ROUGE

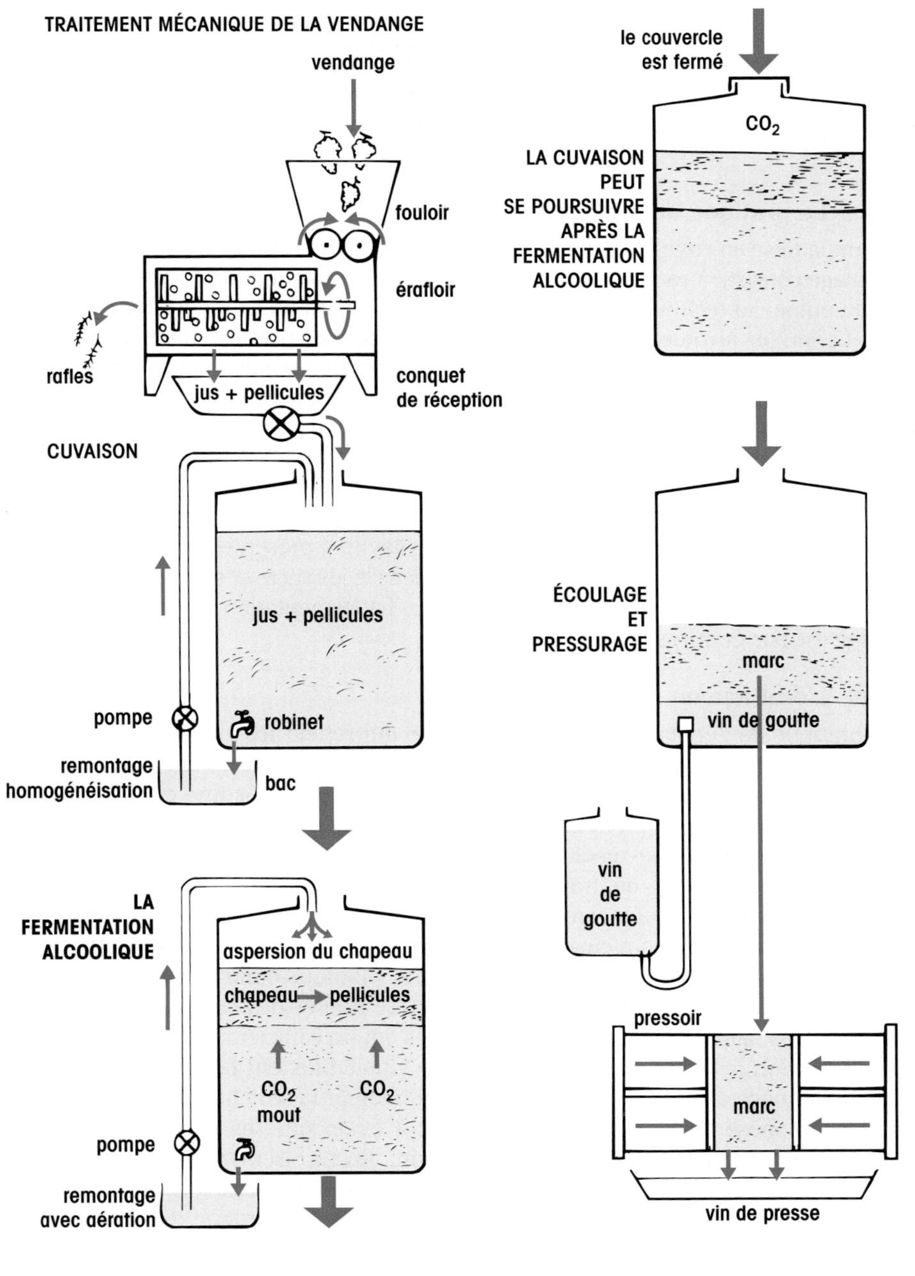

TRAITEMENT MÉCANIQUE DE LA VENDANGE

vendange

fouloir

érafloir

rafles

jus + pellicules

conquet
de réception

CUVAISON

jus + pellicules

pompe

robinet

remontage
homogénéisation

bac

LA
FERMENTATION
ALCOOLIQUE

aspersion du chapeau

chapeau → pellicules

CO_2 CO_2
mout

pompe

remontage
avec aération

le couvercle
est fermé

CO_2

LA CUVAISON
PEUT
SE POURSUIVRE
APRÈS LA
FERMENTATION
ALCOOLIQUE

ÉCOULAGE
ET
PRESSURAGE

marc

vin de goutte

vin
de
goutte

pressoir

marc

vin de presse

DU RAISIN AU VIN
LES VINIFICATIONS
LES SPÉCIALITÉS
L'ÉLEVAGE
LES LIEUX
LE CHOIX

Le foulage et l'éraflage

La vendange subit généralement deux traitements mécaniques : un foulage qui libère le jus contenu dans les pellicules ; un éraflage qui élimine les rafles, les éléments végétaux et limite l'apport de tanins grossiers et herbacés. Mais on peut conserver ces rafles pour exploiter précisément les tanins qu'elles contiennent.

La pratique du foulage

□ Avant la mise en cuve, le raisin est amené dans un fouloir pour être légèrement écrasé. Le foulage consiste à rompre la pellicule des grains de raisin pour libérer le jus contenu dans la pulpe. La technique du foulage au pied a disparu au profit des fouloirs mécaniques. Le fouloir à rouleaux écrase les baies lors de leur passage entre deux rouleaux tournant en sens opposé. La vitesse de foulage et l'écrasement doivent être modérés pour éviter d'extraire des goûts herbacés désagréables dans le vin. Le fouloir centrifuge projette les baies à haute vitesse contre une paroi mais la vendange y est trop endommagée.
□ Les apports du foulage : le jus des raisins rouges est incolore, les matières colorantes (anthocyanes) étant localisées dans la pellicule. Le foulage favorise la prise de couleur des vins rouges puisque le jus incolore est mis en contact avec les anthocyanes. Il active la fermentation alcoolique réalisée grâce à des levures présentes naturellement sur le raisin, car les levures se retrouvent rapidement dans le jus sucré et se développent d'autant mieux qu'il y a aération du jus lors du foulage. La fermentation à l'intérieur des baies intactes est par contre souvent incomplète.

L'éraflage ou l'égrappage

□ La pratique de l'éraflage : charpente végétale qui retient les grains de raisin, la rafle peut être conservée dans la cuve avec le jus ou éliminée avant l'encuvage. Autrefois, l'éraflage s'effectuait manuellement en frottant les grappes sur une claie au-dessus de la cuve. Aujourd'hui, l'élimination des rafles est opérée mécaniquement. À l'intérieur d'un cylindre troué, un axe médian muni de pales tournantes fait progresser la vendange. L'érafloir sépare les baies, qui traversent les trous, des rafles, qui sont éliminées à l'extrémité. Des érafloirs utilisant la force centrifuge existent mais leur vitesse de rotation excessive abîme le raisin. Généralement fouloir et érafloir sont réunis en une seule machine. Les érafloirs-fouloirs sont préférables aux anciens fouloirs-érafloirs : éliminée avant le foulage, la rafle risque moins d'être lacérée et de libérer des composés herbacés.
□ Éliminer les rafles ou les conserver ? Les rafles ont un caractère herbacé plus ou moins prononcé selon les cépages. Certains types de vins admettent la présence de rafles au cours de la macération : leurs tanins peuvent renforcer la structure du vin. Le choix de l'éraflage suppose au contraire que l'on tient à éviter que les rafles ne transmettent trop d'astringence et de goûts herbacés au vin. Accessoirement, l'éraflage limite les apports en eau contenue dans les rafles et assure une légère augmentation du degré d'alcool et de l'acidité. Même dans le cas de vendange mécanique qui laisse les rafles sur le pied de vigne, l'érafloir est utilisé pour évacuer feuilles, pétioles, et rafles résiduelles.

LE MATÉRIEL

COUPE D'UN FOULOIR-ÉRAFLOIR

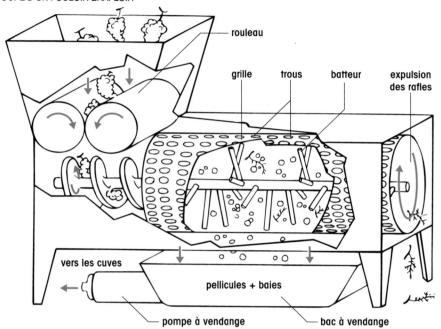

rouleau

grille trous batteur expulsion des rafles

vers les cuves

pellicules + baies

pompe à vendange

bac à vendange

Le fouloir : les grappes sont écrasées entre deux rouleaux qui tournent en sens inverse.

L'érafloir ou égrappoir
La vendange est acheminée à l'intérieur d'un cylindre percé de trous (grille) dans lequel tourne un batteur. Ce batteur projette les grappes contre la grille, les baies traversent les trous alors que les rafles demeurent confinées à l'intérieur du cylindre. Les rafles sont expulsées à son extrémité.

L'éraflage manuel
Les grappes de raisins sont frottées contre une grille constituée de lattes de bois. Les baies passent à travers les interstices de la claie. Cette méthode ancestrale est peu employée de nos jours.

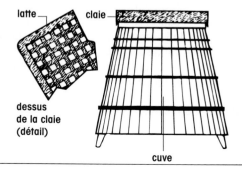

latte   claie

dessus
de la claie
(détail)

cuve

La cuvaison

> **Le raisin en cuve va subir naturellement une fermentation alcoolique transformant le jus sucré en vin, grâce aux levures présentes dans la vendange. Le vinificateur doit assurer aux levures les conditions optimales de développement et surveiller le bon déroulement de la fermentation alcoolique.**

■■■■ L'intervention du vinificateur en début de fermentation

□ La maîtrise de la température : pour assurer le démarrage du processus fermentaire, il faut une température supérieure à quinze degrés ; l'idéal est de vingt à vingt-deux degrés. En dessous, l'activité levurienne est ralentie voire stoppée. On doit alors procéder au réchauffement du jus ou de la cuve.

□ L'oxygénation du jus : l'oxygénation, indispensable à la croissance et à la survie des levures, est assurée dès le début de la fermentation par des remontages : le jus s'écoule à flot par le robinet de la cuve dans un bac où il s'aère puis une pompe le remonte au-dessus de la cuve.

□ Le sulfitage : l'ajout de soufre dans le moût contribue au développement des levures en empêchant la croissance de moisissures ou de bactéries concurrentes. Le soufre sélectionne également les levures qui assurent une fermentation complète.

□ Le levurage, opération facultative, consiste à ajouter massivement des levures traitées industriellement. Une fois réhydratées, ces levures facilitent le départ de fermentation.

■■■■ L'intervention du vinificateur au cours de la fermentation

□ Le contrôle des températures : au cours de la fermentation alcoolique, la température idéale de vinification des vins rouges se situe entre vingt-huit et trente-deux degrés. Mais il est nécessaire de surveiller cette température : le dégagement de calories de la fermentation alcoolique risque de l'élever excessivement.

Au-delà de trente-cinq degrés, les levures ont des difficultés à poursuivre la dégradation des sucres : il y a risque d'arrêt de fermentation. Le vinificateur doit donc maîtriser les températures des cuves en les chauffant ou en les refroidissant.

□ Le contrôle de la disparition des sucres : on s'assure de la disparition progressive des sucres grâce au calcul de densité. La densité correspond au poids d'un litre de liquide. L'eau qui sert de référence a une densité de 1. Un liquide sucré tel que le moût est plus lourd que l'eau et a donc une densité plus élevée.

Au départ de la fermentation la densité du jus s'établit entre 1,080 et 1,110. Le travail des levures fait disparaître peu à peu le sucre et produit de l'alcool, plus léger que l'eau. La densité du moût diminue progressivement pour atteindre 0,993 à 0,995 à l'achèvement de la fermentation. Le vinificateur évalue la densité grâce à un mustimètre.

■■■■ Le contrôle de l'achèvement de la fermentation alcoolique

Lorsque le mustimètre affiche une densité de 0,994 environ et que l'analyse chimique du vin rouge en laboratoire confirme que la teneur en sucre est inférieure à 2 grammes par litre, la fermentation alcoolique peut être considérée comme terminée.

SURVEILLANCE DES FERMENTATIONS

■ Courbe de fermentation

Le vinificateur régulièrement note sur une courbe l'évolution de la densité et de la température des cuves. Cette courbe permet de suivre l'évolution des fermentations.

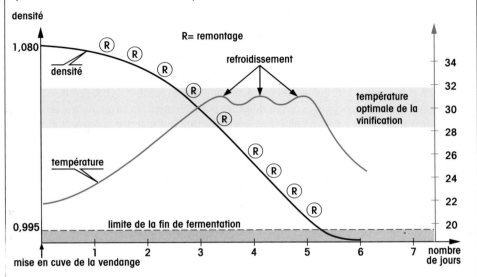

■ Les ralentissements et les arrêts de fermentation

Les causes des incidents fermentaires sont multiples.

- L'éthanol : la concentration en éthanol, alcool fabriqué par les levures, ne cesse de s'accroître en fin de fermentation et vient gêner ou bloquer l'activité des levures.
- Les excès de températures : les températures élevées accentuent la sensibilité à l'alcool des levures. À trente-cinq degrés les risques de destruction de la population des levures sont importants. Un choc thermique avec refroidissement trop rapide peut entraîner un ralentissement fermentaire.
- L'aération insuffisante : le manque d'oxygénation limite la synthèse des stérols indispensables à la perméabilité de la membrane de la levure. Ne pouvant se nourrir ni éliminer le déchet toxique que constitue l'alcool, la levure meurt.

- Les acides gras : les molécules d'acides gras contenues dans le vin bloquent les membranes des levures lorsqu'elles sont en phase de déclin. Les échanges entre cellules et milieu extérieur sont réduits. Les écorces de levures ajoutées au moût permettent d'éliminer ces acides gras.
- Les produits de traitement phytosanitaire : certains produits de traitement répandus sur la vigne peuvent nuire ultérieurement au travail des levures.

La prévention des incidents fermentaires par le contrôle des températures est très efficace. Mais si le viticulteur est confronté à un ralentissement ou à un arrêt de fermentation plusieurs solutions s'offrent à lui : aérer le moût pour redynamiser les levures, le réensemencer avec des levures prélevées sur une cuve en pleine fermentation ou sélectionnées industriellement, ajouter des écorces de levures.

La macération

> La macération se déroule parallèlement à la fermentation alcoo-
> lique lors de la cuvaison. Cette étape de vinification consiste à
> mettre en contact les pellicules qui forment le chapeau de marc
> et le jus pour assurer au vin coloration et richesse tannique.

La cuvaison et la macération

☐ Le moût et le chapeau : la cuvaison commence lorsque le raisin rouge légèrement écrasé est mis en cuve. Deux processus vont se dérouler parallèlement : la fermentation alcoolique qui transforme le jus de raisin en alcool et la macération qui apporte la couleur et le tanin du vin. La production de gaz carbonique lors de la fermentation provoque une remontée des parties solides de la vendange : pellicules, pépins, rafles éventuelles forment une masse compacte appelée chapeau qui flotte au-dessus du jus. Le chapeau de marc renferme des polyphénols contenus dans les pellicules : les anthocyanes, pigments colorés, et les tanins, substances garantes de la structure du vin.

☐ Le principe de la macération : le rôle de la macération est de faire migrer les polyphé-nols du chapeau dans le jus pour assurer au vin une coloration et des tanins suffisants.

La pratique de la macération

Le seul contact statique entre le jus et le chapeau ne suffit pas à apporter couleur et tanins au vin. Plusieurs méthodes activent le processus de macération.

☐ Le remontage : prélevé au bas de la cuve, le jus (le moût) est pompé de manière à arro-ser le chapeau (p. 27). Il traverse ce chapeau et se charge donc en polyphénols. La règle veut que l'on procède au remontage du volume total de la cuve, chaque jour pendant la fermentation alcoolique. Généralement, on fractionne l'opération en deux fois.

☐ D'autres techniques de macération sont possibles : du pigeage manuel, cuves tour-nantes ou, de plus en plus, destruction et remontage à l'azote.

☐ Les conditions de la macération : l'alcool et la température augmentent la solubilité des pigments et des tanins dans le jus. On préconise une température de vingt-huit à trente-deux degrés pendant la phase de la fermentation alcoolique. Après la fermentation, les cuves sont quelquefois chauffées à quarante-cinq degrés pour accroître la couleur : c'est la macération finale à chaud (MFC).

La durée de la macération varie de cinq à trente jours selon les types de vins rouges vinifiés. Pour les vins légers, on cesse la macération avant la fin de la fermentation alcoolique pour limi-ter la teneur en tanins. Pour les vins rouges de garde, on maintient le contact entre le vin et les pellicules après la fermentation alcoolique pour renforcer la structure tannique des vins.

L'évolution du vin au cours de la macération

La prise de couleur se produit surtout dans les quatre, cinq premiers jours puis une par-tie des pigments colorés se refixent sur les pépins, les levures, les rafles éventuelles. En revanche, la concentration en tanins s'accroît continuellement dans le vin. Une macération trop longue conduirait à une astringence et une verdeur exagérées.

TECHNIQUES DE MACÉRATION

Le pigeage manuel
Le marc est enfoncé régulièrement. Cette méthode est peu employée aujourd'hui.

Cuve à pigeage automatique
Des vérins enfoncent des volets dans le marc.

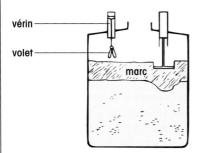

Cuve tournante
Quelques minutes par jour, la cuve est mise en rotation pour mettre en contact le marc et le moût.

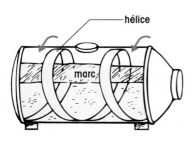

Destructuration du chapeau
Le moût est totalement ôté de la cuve et renvoyé au-dessus du chapeau.

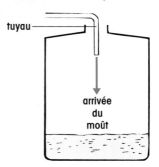

Cuve à chapeau immergé
Le chapeau est maintenu dans le jus grâce à une grille.

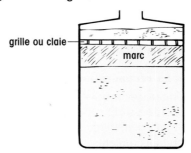

Le remontage à l'azote
L'azote injecté sous le chapeau provoque une remontée du jus au-dessus du marc.

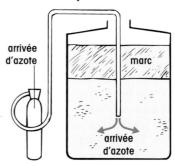

DU RAISIN AU VIN
LES VINIFICATIONS
LES SPÉCIALITÉS
L'ÉLEVAGE
LES LIEUX
LE CHOIX

L'écoulage et le pressurage des vins rouges

Le vinificateur interrompt le contact entre le marc et le vin quand celui-ci est assez coloré et tannique. L'écoulage permet de recueillir le vin de goutte. Le pressurage libère le vin de presse.

▬▬ Le jus et le marc dans la cuve

Deux milieux se juxtaposent dans la cuve suite au dégagement de gaz carbonique fermentaire. Le vin occupe les deux tiers de la cuve. Le marc, une masse compacte de pellicules imbibées de vin, surnage au-dessus du vin. Quand le viticulteur estime le vin suffisamment riche en couleur et en tanins, il écoule la partie liquide de la cuve. Le marc doit être pressé pour libérer le vin qu'il contient.

▬▬ L'écoulage du vin de goutte

Le vin est évacué par simple gravité par un robinet situé au bas de la cuve. Il forme le vin de goutte. Ce vin est soumis à une aération pour éliminer les odeurs de réduit désagréables imputables au manque d'oxygénation du milieu fermentaire. L'aération favorise également la diminution du gaz carbonique, le renforcement de la couleur et la révélation des arômes. Le vin de goutte est replacé en cuve ou en barrique et achève, si ce n'est déjà fait, sa fermentation alcoolique.

▬▬ La récupération du vin de presse

□ Le démarcage : le marc tombe au fond de la cuve après l'écoulement du jus. Le démarcage consiste à sortir cette masse compacte de pellicules hors de la cuve : généralement, des hommes pénètrent dans la cuve et chargent le marc sur des tire-marcs (vis d'Archimède ou tapis roulants), qui le transportent jusqu'au pressoir. La parfaite ventilation de la cuve s'impose pour évacuer le gaz carbonique mortel. On peut utiliser des cuves à fond incliné et se servir de pompes à marc. Le démarcage peut être automatique dans le cas de cuve autovidante placée au-dessus du pressoir ou d'une pompe à marc.
□ Le pressurage du marc : 10 à 20 % du volume total du vin est retenu dans le marc. Le pressurage permet de récupérer ce vin appelé vin de presse. Le marc introduit dans un pressoir subit des pressées successives de plus en plus fortes. Le vin de presse est plus riche en tanins, donc en structure, que le vin de goutte. Il renferme également plus d'acidité volatile qui, à dose excessive, apporterait des goûts de vinaigre. Au fur et à mesure de l'augmentation de la pression, l'amertume des vins de presse va croissante, ce qui explique que l'on sépare souvent les jus recueillis après chaque pressée. Le marc, une fois pressé, est envoyé obligatoirement à la distillerie qui en extrait notamment de l'alcool.
□ L'utilisation des vins de presse : la première presse est parfois incorporée directement au vin de goutte. Les autres pressées, plus astringentes et troubles, sont isolées dans des cuves. Elles doivent subir une clarification avant d'être incorporées au premier ou au second vin selon leur qualité. Pour les vins rouges légers, on évite d'utiliser ces vins de presse à l'amertume trop prononcée.

34

MATÉRIELS DE PRESSURAGE

Pressoirs verticaux

Des vérins actionnent des plateaux qui pressent le marc.

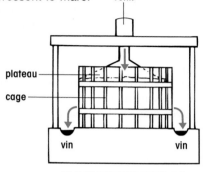

Pressoir mécanique

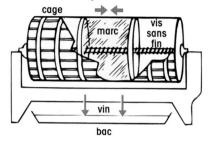

La cage tourne sur elle-même entraînant les plateaux qui pressent le marc.

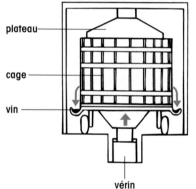

Pressoir pneumatique

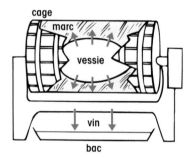

Une vessie se gonfle pressant le marc contre les parois de la cage.

Pressoir continu

Pressoirs horizontaux

Pressoir hydraulique

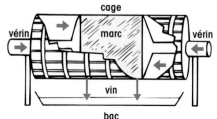

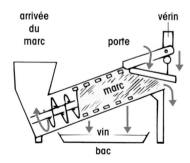

Le marc arrivant en continu est pressé contre une porte grâce à une vis de pression.

DU RAISIN AU VIN

LES VINIFICATIONS

LES SPÉCIALITÉS

L'ÉLEVAGE

LES LIEUX

LE CHOIX

La macération carbonique

La macération carbonique est une méthode originale de vinification à partir de grappes entières et intactes. Elle convient à l'élaboration de vins rouges aromatiques, fruités et souples, par exemple les beaujolais.

▬▬▬ Préserver des baies de raisin intactes

Maintenir des baies intactes entre la vigne et l'entrée en cuve est le premier impératif. On exclut donc toute récolte mécanique. On limite l'écrasement du fruit lors de son transport au chai pour le déverser ensuite dans les cuves grâce à des tapis roulants.

▬▬▬ Introduire du gaz carbonique dans la cuve

La cuve de vinification doit contenir du gaz carbonique. Il peut provenir d'une bonbonne d'air comprimé ou d'un levain (petite quantité de jus de raisin qu'on a laissé fermenter avant le remplissage de la cuve pour qu'il libère du gaz carbonique).

▬▬▬ Réaliser simultanément deux types de fermentation

□ Répartition dans la cuve : au sommet de la cuve, les baies intactes baignent dans du gaz carbonique, sans présence de jus. Au milieu, une phase hétérogène est constituée de jus, de baies intactes et écrasées. Au fond de la cuve, du jus est inévitablement libéré par écrasement d'une partie des raisins.

□ Des processus fermentaires différents : en haut de la cuve, l'atmosphère de gaz carbonique interdit le développement des levures et donc une fermentation alcoolique classique. C'est une fermentation exclusivement provoquée par des enzymes du fruit qui se déroule à l'intérieur de chaque grain. L'activité chimique des enzymes conduit à la production d'une faible quantité d'alcool, de l'ordre de un à deux degrés, par dégradation d'une faible quantité de sucre. Cet alcool favorise la dissolution des constituants de la pellicule : les arômes, les tanins assurant la structure du vin, les anthocyanes assurant la couleur se diffusent dans la pulpe. Parallèlement, des arômes de fermentation, arômes de banane notamment, apparaissent. Au milieu de la cuve, les baies subissent ces mêmes phénomènes fermentaires enzymatiques mais de façon plus limitée. Au fond, le jus est soumis à la fermentation alcoolique classique.

□ La macération peut varier de 3 à 20 jours mais dure traditionnellement de 4 à 8 jours. Le moment propice au décuvage dépend de l'avancée de la fermentation alcoolique levurienne, de l'intensité du dégagement de gaz carbonique, de la couleur du vin.

▬▬▬ Écouler, presser et achever la fermentation

On écoule du bas de la cuve le jus de goutte dont la fermentation alcoolique est quasiment achevée. On presse les baies intactes pour libérer le jus de presse qui renferme tous les caractères propres à la macération carbonique mais présente une concentration en sucre trop élevée. Le jus de presse est alors assemblé avec le jus de goutte pour terminer sa fermentation alcoolique.

VINS ISSUS DE MACÉRATION CARBONIQUE

Cépages

gamay, carignan, grenache, cinsault, syrah, mourvèdre.

Appellations

Anjou primeur, Touraine primeur, Beaujolais, Côtes-du-Rhône, Gaillac primeur, Saint-Chinian, Faugères, Minervois, Corbières, Coteaux-de-Languedoc.

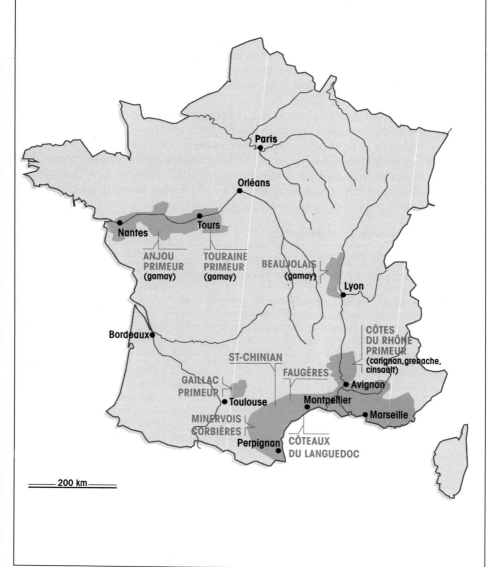

DU RAISIN AU VIN

LES VINIFICATIONS

LES SPÉCIALITÉS

L'ÉLEVAGE

LES LIEUX

LE CHOIX

La vinification en blanc

On appelle vinification en blanc l'ensemble des opérations qui permettent de transformer le jus de raisin en vin blanc. Ces opérations varient selon le type de vin blanc recherché : sec, moelleux, liquoreux, effervescent, muté à l'alcool (cas des vins doux naturels).

▬▬ Principes de la vinification en blanc

☐ Une vinification sans macération. La production d'un vin blanc exclut la macération, c'est-à-dire le contact prolongé entre le jus de raisin et les parties solides de la vendange.

☐ Le pressurage avant la fermentation. Le pressurage, qui consiste à presser les raisins pour en extraire le jus, doit précéder la fermentation. En effet, le vin blanc provient uniquement de la fermentation du jus.

☐ Le type de vin dépend de l'état des raisins. La plupart des blancs secs impliquent une récolte avant maturité complète : on conserve ainsi le maximum d'arômes et une acidité garante de fraîcheur et de vivacité du vin. Au contraire, les moelleux et les liquoreux impliquent des raisins très riches en sucre : on les récolte surmûris et même passerillés, c'est-à-dire desséchés (sur pied, sur claies, en étuve). Dans certains cas, à Sauternes ou à Tokay par exemple, cette dessication est due à l'action d'un champignon microscopique, le *botrytis cinerea* : on parle alors de « pourriture noble ».

▬▬ Les étapes de la vinification

Phases	Opérations effectuées	Résultats escomptés
Extraction des jus	- Égrappage : on sépare parfois les baies des rafles	- Élimination des tanins de rafles
	- Foulage : on fait parfois éclater les grains de raisin	- Obtention d'un jus de goutte
	- Égouttage : parfois, par des procédés statiques (simple écoulage) ou dynamiques (égouttoirs), on extrait de nouveaux jus. Réservé aux vins ordinaires.	- Obtention de 60 à 70 % des jus
	- Pressurage : dans tous les cas, on presse la vendange	- Extraction des jus de presse
Opérations préfermentaires	- Débourbage : dans la plupart des cas, on laisse reposer les jus de 12 à 24 h (débourbage statique). Parfois, on utilise la centrifugation.	- Élimination des bourbes lourdes (terre, débris solides du raisin)
	- Sulfitage : on ajoute de l'anhydride sulfureux au jus pendant le débourbage.	- Préservation des jus (oxydation, bactéries)
	- Désulfitage : on élimine l'anhydride sulfureux en aérant le moût.	- Facilitation du départ en fermentation alcoolique.
	- Levurage : on ensemence parfois le jus en levures sèches actives.	- Enclenchement de la fermentation
Fermentation alcoolique	- Surveillance des températures ; entre 16 et 20 °C.	- Transformation du moût (= le jus) en vin.
	- Mutage au froid ou à l'anhydride sulfureux : cas des moelleux et des liquoreux.	- Blocage de la fermentation et conservation d'un certain taux de sucre.

MATÉRIELS ET TECHNIQUES

■ Vinification des vins fins

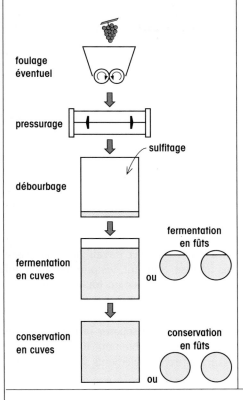

foulage éventuel

pressurage

sulfitage

débourbage

fermentation en cuves — ou — fermentation en fûts

conservation en cuves — ou — conservation en fûts

■ Vinification des vins ordinaires

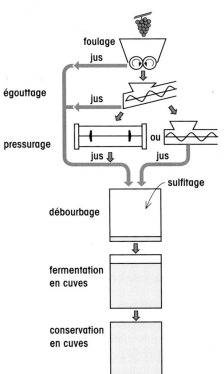

foulage

jus

égouttage

jus

pressurage

ou

jus — jus

sulfitage

débourbage

fermentation en cuves

conservation en cuves

■ La malolactique en blanc

Parfois, et notamment en Bourgogne, pour obtenir des vins moins acides et stables, on recherche la *fermentation malolactique* ou dégradation de l'acide malique en acide lactique. Son démarrage implique le réchauffement du vin à 18-20°.

■ L'égouttage amélioré

Les techniques de l'égouttage se sont améliorées : on évite un traitement physique brutal de la vendange et on limite les risques d'oxydation.

■ Le cas des liquoreux

La vinification en liquoreux implique un pressurage direct et, très souvent, un blocage de la fermentation par ajout d'anhydride sulfureux : il faut conserver du sucre.

DU RAISIN AU VIN
LES VINIFICATIONS
LES SPÉCIALITÉS
L'ÉLEVAGE
LES LIEUX
LE CHOIX

L'extraction des jus en blanc sec

Dans la vinification en blanc sec, c'est seulement le jus du raisin, ou moût, qui doit fermenter. Il faut le faire sortir des baies (c'est l'extraction) et le séparer des éléments solides de la grappe.

■■■■ Le transport de la vendange

□ Deux risques : la macération et l'oxydation. Si, pendant leur transport, les raisins sont abîmés, lacérés ou écrasés, deux phénomènes indésirables sont déclenchés : la macération, par mise en contact des éléments solides de la grappe et du jus, et qui donne à ce dernier des goûts herbacés et nuit à l'expression aromatique ; l'oxydation qui, par contact du jus avec l'air, fait brunir ce jus, détériore les arômes naturels et donne le goût d'évent.
□ Les précautions à prendre. On cueille et on transporte rapidement des raisins intacts dans des bacs de faible profondeur ou des cagettes (éviter tout tassement).

■■■■ Le foulage

Premier stade possible de l'extraction, le foulage rompt les pellicules et permet d'obtenir un jus de goutte de grande qualité. Le fouloir à rouleaux assure ce travail : le raisin passe entre deux cylindres cannelés tournant en sens inverse. Souvent, les pompes à vis qui acheminent la vendange vers le pressoir suffisent pour assurer un foulage léger.

■■■■ L'égouttage

□ Qu'est-ce que l'égouttage ? C'est l'opération qui permet de séparer le maximum de jus de goutte des matières solides dans une vendange préalablement foulée. À cause des risques d'oxydation et des difficultés de pressurage (excès d'éléments solides), l'égouttage est réservé aux vins ordinaires.
□ Les deux types d'égouttage. Dans le cas de l'égouttage statique, le jus de goutte s'écoule par simple gravité (exemple : à la claie du pressoir). L'égouttage dynamique permet d'extraire les jus de goutte sous faible pression (égouttoirs à cylindre tournant perforé ou à vis sans fin dans un cylindre fixe étanche).

■■■■ Le pressurage

□ Qu'est-ce que le pressurage ? Le pressurage a pour rôle de séparer le moût du marc, c'est-à-dire des matières solides, par compression de la vendange. Différents types de pressoirs peuvent être utilisés (p. 35).
□ Les deux situations de pressurage. Quand le pressurage est précédé d'un foulage et d'un égouttage, son rôle est d'extraire les jus de presse, plus astringents et chargés en bourbes (débris végétaux, terre...). Lorsque le pressurage est direct, il extrait la quasi-totalité des jus.
□ Le déroulement du pressurage. L'obtention de moûts de qualité implique un travail rapide (éviter macération et oxydation) et doux (ne pas lacérer les éléments herbacés générateurs de mauvais goûts). Le pressurage doit être fractionné : les premiers moûts sont les meilleurs (70 à 80 % du total), les derniers sont vinifiés à part.

MATÉRIELS ET TECHNIQUES

■ Les bennes de transport

Dans le cas des vendanges mécaniques, les raisins peuvent être partiellement abîmés et éclatés, d'où les risques de macération et d'oxydation. Pour les éviter, on récolte à maturité (bonne séparation des baies), on transporte très rapidement le raisin, on utilise des bennes à double fond : les premiers jus recueillis sont sulfités de suite, donc protégés.

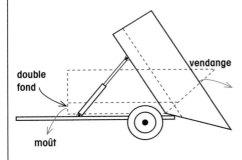

■ Les égouttoirs à vis sans fin

Ces égouttoirs sont performants puisqu'ils extraient 70 % des jus mais ces jus sont assez bourbeux (débris végétaux). Ils s'écoulent à la partie inférieure du cylindre fixe dans lequel tourne la vis sans fin.

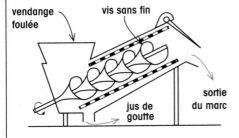

■ Les pressoirs

• **Les pressoirs verticaux,** traditionnels ou à vérin, compriment la vendange de haut en bas. Le marc n'est pas abîmé et le moût est peu bourbeux. Inconvénients : débit lent, rebêchage manuel (émiettement du marc après chaque pressée).

• **Les pressoirs horizontaux** sont les plus répandus : deux plateaux qui se rapprochent assurent un travail programmable et le rebêchage par chaînes et cercles émietteurs est automatique. Inconvénients : le marc est souvent « froissé », les jus sont bourbeux et le moût s'aère un peu trop.

• **Les pressoirs horizontaux pneumatiques** sont munis d'une baudruche gonflable qui presse le raisin contre la cage. Le rebêchage est assuré par la rotation de la cage et le dégonflement de la baudruche. De très sérieux avantages : pressées très lentes programmables, marc non froissé, jus clairs, travail sous gaz inerte dans certains modèles.

• **Les pressoirs continus** sont munis d'une vis sans fin qui entraîne la vendange vers une porte où elle est pressée. Ces pressoirs conviennent aux gros volumes, d'où leur emploi dans beaucoup de coopératives.

■ La macération préfermentaire

Paradoxale, cette macération semble remettre en cause les canons de la vinification en blanc sec. Elle exige une vendange parfaitement saine. On érafle, on foule modérément et on sulfite légèrement. Ensuite, sous gaz inerte de préférence, on fait macérer les éléments solides dans le jus (10 à 20 heures, à 18-20° C). But : favoriser la dissolution des constituants caractéristiques du cépage contenus dans les pellicules. On obtient des vins moins acides, « gras », aromatiques (arômes et précurseurs d'arômes). Un risque : gommer la notion de terroir.

Du moût au vin blanc sec

Pour que le moût, c'est-à-dire le jus extrait du raisin, devienne du vin blanc sec, il doit subir la fermentation alcoolique. Mais celle-ci est précédée de plusieurs opérations préparatoires.

Le débourbage

□ Qu'est-ce que le débourbage ? C'est l'opération de clarification qui permet d'éliminer les bourbes, c'est-à-dire les particules solides en suspension dans le moût qui sort des égouttoirs et des pressoirs.
□ Le débourbage statique se fait par simple sédimentation des bourbes dans les cuves (12 à 24 h). Pour éviter le départ de la fermentation alcoolique, on refroidit le moût et on le sulfite : l'anhydride sulfureux (SO_2) inhibe les levures et, à très forte dose, peut les éliminer.
□ Le débourbage dynamique se fait par centrifugation, filtration ou ultrafiltration. On l'utilise pour les gros volumes de moût.

Les opérations préfermentaires

□ Le désulfitage. Quand le débourbage a utilisé de fortes doses d'anhydride sulfureux, il faut désulfiter le moût en l'aérant pour que la fermentation puisse avoir lieu.
□ Le levurage. Lorsqu'on veut éviter le risque de fermentation incomplète de certaines levures indigènes et bannir des goûts indésirables donnés par ces levures, on les élimine, totalement ou partiellement, par un sulfitage intense. Aussi, après le débourbage, on doit ensemencer le moût clarifié en levures sèches actives pour provoquer la fermentation.
□ Le bentonitage. L'ajout de bentonite, une argile colloïdale, au moût débourbé, permet d'éliminer les protéines de ce moût pour le stabiliser et de détruire partiellement les enzymes, ou catalyseurs biochimiques, responsables de l'oxydation des vins.

La fermentation alcoolique

□ Une fermentation lente. La transformation du sucre en alcool, totale ou presque (moins de 2 g/l), doit être lente pour éviter les pertes d'arômes : elle dure de 8 à 20 jours.
□ Une fermentation à basse température. Les conditions de température sont primordiales. Entre 18 et 20 °C, on obtient les vins les plus fins. Au-dessus, les arômes primaires perdent leur complexité, les arômes de fermentation deviennent trop riches en alcools supérieurs et les risques d'arrêt de fermentation apparaissent.
□ La fermentation en fûts. Les barriques de chêne offrent une grande surface de refroidissement et l'air nécessaire aux levures leur parvient par la bonde et à travers le bois. Inconvénients : longueur des travaux de contrôle et d'ouillage, différences des conditions de fermentation d'une barrique à l'autre, risques de perte de fraîcheur.
□ La fermentation en cuves. Elle se généralise partout, y compris en Bourgogne, et les cuves métalliques remplacent de plus en plus les logements de béton. Le problème essentiel est celui du contrôle des températures, d'où les équipements de thermorégulation et le refroidissement à 12 ou 13° du moût débourbé (on évite les emballements !).

MATÉRIELS ET TECHNIQUES

■ La stabulation liquide à froid

Cette nouvelle technique a pour but de libérer un maximum d'arômes et de précurseurs d'arômes, de rendre les vins plus complexes et plus souples. Elle consiste à refroidir le moût et à le maintenir à 5-10 °C pendant au moins cinq jours, avant ou après débourbage.

■ La fermentation malolactique en blanc sec

En Bourgogne et, parfois, en Champagne et à Gaillac, la fermentation malolactique est pratiquée. Elle permet de diminuer l'acidité totale du vin : l'acide malique, un bi-acide, est transformé en acide lactique, un mono-acide, moins dur. Le processus doit évidemment être préparé : le débourbage et le sulfitage sont très modérés et le vin est laissé sur ses lies (dépôt après fermentation). Le démarrage de la malolactique implique une température de 18 à 20°. Son époque naturelle est la fin du mois d'octobre et le début novembre mais les chais sont alors trop froids, surtout en situation septentrionale. Aussi se déroulait-elle souvent au printemps. Aujourd'hui, on la provoque par réchauffement ou par ensemencement du vin avec des bactéries *Leuconostoc oenos* (méthode récente).

Les vins blancs qui ont subi la malolactique sont plus gras, plus stables mais moins vifs. Les arômes de fermentation y dominent. Ces vins supportent très bien l'élevage et le vieillissement. Tel est le cas des grands bourgognes : Chablis, Meursault, Montrachet.

À Gaillac, en fin de malolactique, on « piège » un peu de gaz carbonique qui confère au vin un caractère perlé (ce gaz se dégage au débouchage de la bouteille).

■ Le débourbage statique

Par robinets

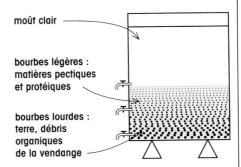

moût clair

bourbes légères : matières pectiques et protéiques

bourbes lourdes : terre, débris organiques de la vendange

Par siphonnage

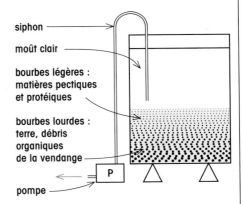

siphon

moût clair

bourbes légères : matières pectiques et protéiques

bourbes lourdes : terre, débris organiques de la vendange

P

pompe

43

DU RAISIN AU VIN

LES VINIFICATIONS

LES SPÉCIALITÉS

L'ÉLEVAGE

LES LIEUX

LE CHOIX

Les liquoreux et les moelleux

Liquoreux et moelleux sont des vins blancs à teneur élevée en sucre, issus de vendanges tardives passerillées ou transformées par la fameuse « pourriture noble ».

▬▬▬ Le raisin destiné aux vins liquoreux

☐ Développement du *botrytis cinerea* : les vins liquoreux tirent leur originalité gustative du développement dans le raisin d'une pourriture dite noble, née d'un champignon microscopique : le *botrytis cinerea*. Celui-ci se développe sur les baies des raisins blancs quand alternent brouillards matinaux et après-midi ensoleillés, en été et en automne. Seules quelques régions viticoles (Sauternais, coteaux du Layon) offrent ces critères météorologiques. À partir de la maturité du raisin, lorsque la pellicule se fragilise, le *botrytis* la traverse et se développe dans la baie sans pénétrer à l'intérieur des cellules de la pulpe.
☐ L'effet du *botrytis* associé à la surmaturation : on laisse délibérément le raisin sur pied après le dépassement de la maturité. Sous l'action combinée de la chaleur et du *botrytis*, la baie se recroqueville, perd une partie de son eau. Les sucres sont donc concentrés. Le *botrytis* accroît les phénomènes respiratoires du raisin, ce qui évite la concentration des acides. Dans le même temps, il synthétise dans la baie le glycérol qui est facteur d'onctuosité.
☐ La vendange par tries : les conditions idéales de la récolte sont réunies lorsque les grains sont « rôtis », c'est-à-dire flétris et de couleur brune. Mais sur une même grappe, toutes les baies n'atteignent pas le même stade de maturité. La vendange manuelle s'impose pour sélectionner en plusieurs passages les grains les plus concentrés.

▬▬▬ Le raisin des vins moelleux

Pour les vins moelleux, on laisse le raisin mûr dans la vigne pour qu'il se déshydrate sous l'action de la chaleur. Mais l'intervention de la pourriture noble est faible voire inexistante : la déshydratation du grain est moins accentuée, la concentration en sucre moins importante et il y a rarement formation de glycérol. Enfin, les vendanges des vins moelleux s'effectuent en un seul passage.

▬▬▬ Vinification des vins liquoreux et moelleux

☐ Des pressées sélectives : la vendange est généralement foulée puis pressée. Les pressées sont de plus en plus fortes et libèrent un jus de plus en plus sucré. Le jus reçoit une dose de soufre qui élimine les levures, les moisissures indésirables et facilite le débourbage. L'opération de débourbage clarifie le jus en éliminant les grosses particules.
☐ Une fermentation alcoolique difficile : les levures responsables de la transformation du sucre en alcool sont gênées par les caractéristiques du moût. La dose élevée de sucre ralentit leur développement. Le *botrytis* consomme une partie de l'azote nécessaire à leur croissance et sécrète la botryticine, substance antiseptique qui leur est nuisible.
☐ Le mutage : on arrête volontairement la fermentation alcoolique avant la disparition totale des sucres, par un apport de soufre.

VINS LIQUODEUX ET POURRITURE NOBLE

■ Les caractéristiques des vins liquoreux

L'équilibre entre sucre et alcool : les vins liquoreux se définissent par leur richesse en alcool qui est de l'ordre de 13 à 22°. La concentration en sucre est également importante puisqu'elle s'élève de 50 à 120 g par litre. Les vins liquoreux exigent un subtil équilibre entre l'alcool et le sucre : un vin contenant 14 degrés d'alcool devrait renfermer environ 4 % de sucre potentiel, un vin de 15° environ 5 %.

La richesse aromatique : le miel, le tilleul, l'acacia sont les arômes généralement perceptibles au nez lors de la dégustation. La richesse en glycérol renforce en bouche l'impression d'onctuosité.
Le vieillissement flatte particulièrement le nez de ces vins de longue garde.

■ Quand la pourriture noble devient pourriture grise

Le *botrytis* est très sensible aux facteurs climatiques. Un excès d'eau entraîne le développement anarchique du champignon sous forme de pourriture grise qui compromet la récolte en qualité et en quantité. La pourriture grise entraîne l'éclatement des baies. Le jus s'écoule et c'est la porte ouverte aux moisissures et aux bactéries acétiques. Le vin souffre alors de goûts iodés et de pourri. La teneur en acide acétique, déjà élevée dans les liquoreux de pourriture noble, devient exagérée.

■ La cryoextraction sélective

Pour accroître la sélection qualitative des vendanges par tries, le raisin récolté en cagettes peut être soumis à un passage en chambre frigorifique pendant douze heures. Quand, après refroidissement, les raisins sont pressés, ce sont les plus mûrs qui libèrent en premier les jus les plus sucrés au cours du réchauffement naturel. Ces vins liquoreux renferment plus d'alcool, d'arômes, de gras et de corps. Mais la cryoextraction par son coût et le temps de mise en œuvre reste l'apanage des propriétés prestigieuses.

■ Différents stades d'évolution de la pourriture noble

Saine

Tachetée
La pourriture à l'intérieur de la baie dégrade les polyphénols.

Tachée
La dégradation continue.

Pourrie pleine
Le champignon envahit la totalité de la baie.

*Pourriture noble
visible :* le champignon se développe à l'extérieur.

Rôti
La baie se déshydrate. C'est le stade ultime.

Grappe atteinte de pourriture noble

DU RAISIN AU VIN

LES VINIFICATIONS

LES SPÉCIALITÉS

L'ÉLEVAGE

LES LIEUX

LE CHOIX

La méthode champenoise I

> La méthode champenoise est un type de vinification de vins effervescents. Elle consiste à provoquer une seconde fermentation d'un vin blanc de base.

Les vendanges

75 % de la vendange en Champagne est composée de raisins noirs. Le maximum de précautions est pris pour limiter le contact entre les pellicules colorées du raisin et le jus qui doit rester incolore pour l'obtention d'un vin blanc. Les grappes sont transportées dans des cagettes ou paniers de faible volume pour limiter l'écrasement. Elles sont trouées pour évacuer l'écoulement inévitable du jus.

Un pressurage immédiat

On presse immédiatement les raisins pour éviter que le jus ne se colore. Traditionnellement, on utilise des pressoirs verticaux à base très large. Quatre tonnes de vendanges sont réparties en couches minces et pressées. La séparation des pressées est rigoureusement réglementée en Champagne. Les 2 050 premiers litres obtenus après les deux premières pressées constituent « la cuvée ». Les 410 litres suivants correspondent à « la première taille ». Depuis 1992, seuls ces 2 460 litres de jus obtenus sont destinés à porter l'appellation Champagne. « La rebêche » représente le jus recueilli après les presses suivantes, elle ne peut être commercialisée sous le nom de Champagne.

Le débourbage

Le jus est soumis à décantation (débourbage) par gravitation naturelle, pour permettre le dépôt des grosses particules de débris végétaux. On retarde volontairement la fermentation alcoolique par un apport de soufre. La fermentation alcoolique gênerait cette précipitation (la présence de gaz carbonique provoque une ascension des particules).

La vinification du vin blanc de base

☐ La fermentation alcoolique : le jus incolore est placé en cuve où les levures naturelles du raisin vont transformer le sucre en alcool à une température de dix-huit à vingt degrés pour favoriser le développement des arômes.

☐ La fermentation malolactique : on recherche une fermentation malolactique du jus pour diminuer l'acidité du vin. Il est préférable qu'elle s'effectue en cuve. Si la fermentation malolactique survient en bouteille lors de la prise de mousse du vin, elle risque de stopper la seconde fermentation alcoolique, d'entraîner une augmentation d'acidité volatile, composante du vinaigre, et le développement de mauvais goûts.

☐ Les opérations post-fermentaires : plusieurs soutirages éliminent les lies pendant l'hiver. Une clarification du vin par collage et filtration et une stabilisation contre les précipitations tartriques sont couramment pratiquées. Le vin blanc de base est prêt pour la seconde étape qui le transformera en vin mousseux.

■ Classification des vins mousseux

Les vins mousseux se définissent par leur méthode de vinification mais également par la teneur en gaz carbonique du vin. Cette présence de gaz carbonique, variable selon les mousseux, se traduit par des pressions différentes à l'intérieur de la bouteille.

Type de vins mousseux	Pression dans la bouteille
Mousseux type champagne	6 bars
Crémant	3 bars
Mousseux gazéifié	3 bars
Pétillant	1 à 2,5 bars
Pétillant gazéifié	1 à 2,5 bars

■ Vendanges en Champagne

Le raisin est transporté dans des paniers ou cagettes au lieu de pressurage.

vigne

panier en osier

■ Richesse en sucre des champagnes

Une dose de sucre peut être apportée au champagne juste avant le bouchage définitif lorsque l'on complète le volume de la bouteille.

Type de champagne	Teneur en sucre résiduel
Brut	0 %
Sec	2 à 4 %
Demi sec	4 à 6 %
Doux	8 à 10 %

La tendance actuelle s'oriente vers une suppression de cet apport en sucre pour ne conserver que le complément du volume par un champagne de la même cuvée. On parle alors de mousseux brut de brut, d'ultra brut ou de brut 100 %.

■ Le pressoir vertical traditionnel

La faible hauteur et la large surface permettent de presser rapidement.

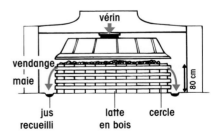

vérin

vendange

maie

80 cm

jus recueilli

latte en bois

cercle

DU RAISIN AU VIN

LES VINIFICATIONS

LES SPÉCIALITÉS

L'ÉLEVAGE

LES LIEUX

LE CHOIX

La méthode champenoise II

La méthode champenoise impose au vin blanc déjà embouteillé une deuxième fermentation alcoolique qui le sature en gaz carbonique.

▬▬▬ La préparation de la cuvée

Les vins de base de différents crus de champagne et de différents millésimes sont assemblés en cuve. On y ajoute ensuite du sucre, sous forme de saccharose, et des levures. L'ensemble de ces deux éléments s'appelle la liqueur de tirage. La concentration en sucre varie entre vingt et vingt-quatre grammes par litre, ce qui assure, après dégradation du sucre par les levures, une pression en gaz carbonique de six bars environ.

▬▬▬ La seconde fermentation alcoolique : la prise de mousse

Les bouteilles définitives sont emplies de cette cuvée et solidement bouchées à l'aide de capsules métalliques ou de bouchons maintenus par des agrafes. Elles sont ensuite couchées dans des caves où la température est maintenue entre dix et douze degrés pour favoriser une fermentation lente de plusieurs mois. Elle dégage dans la bouteille du gaz carbonique qui se dissout dans le vin en donnant naissance à la mousse et aux bulles. En se détruisant, les levures libèrent des acides aminés et des polypeptides qui participent à la qualité de la mousse.

▬▬▬ Le remuage

☐ Le dépôt levurien au fond de la bouteille doit être amené lentement jusqu'au goulot pour être éliminé. Traditionnellement cette opération est réalisée chaque jour manuellement par un remueur. Les bouteilles dont le goulot est placé dans le trou d'un pupitre sont tournées, une à une, d'un quart de tour et remontées lentement pendant un mois. La mécanisation du remuage existe : l'opération ne dure alors qu'une semaine.

▬▬▬ Le dégorgement ou l'élimination du dépôt levurien

Le dégorgement à la volée, par ouverture manuelle de la bouteille, provoque l'éjection du dépôt sous l'action de la pression. Le dégorgement au froid consiste à tremper le goulot de la bouteille dans une saumure à − 25°. Lorsqu'on ôte la capsule, c'est un dépôt emprisonné dans un glaçon qui est expulsé. La perte de volume en vin est plus réduite qu'à la volée et l'opération peut être entièrement automatisée.

▬▬▬ La liqueur d'expédition et le bouchage définitif

La perte de volume consécutive au dégorgement est compensée par l'ajout de champagne issu du même lot et complété souvent d'une liqueur d'expédition, composée d'acide citrique, de soufre, de cognac, de champagne vieux ainsi que de sucre dont la quantité détermine la nature du champagne (brut, demi-sec,...). Le bouchage définitif est assuré par des bouchons solidement retenus par un muselet en fer.

L'ÉLABORATION DES VINS MOUSSEUX

■ Différents stades de la méthode champenoise

Vins sur lattes
Les bouteilles sont couchées lors de la réalisation de la seconde fermentation.

Le remuage
Il permet de faire glisser le dépôt de levures dans le goulot en relevant les bouteilles position goulot en bas.

Le dégorgement
L'expulsion du dépôt est effectuée à la volée ou par le passage du goulot de la bouteille dans la saumure.

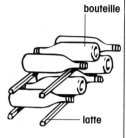

bouteille

latte

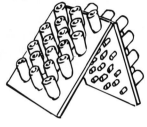

pupitre de remuage manuel

gyropalette mécanique

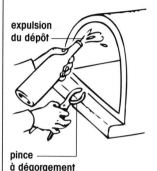

expulsion du dépôt

pince
à dégorgement

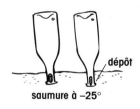

dépôt

saumure à −25°

■ Les vins mousseux naturels

Le principe commun des méthodes rurales d'obtention de vins effervescents est la mise en bouteilles d'un moût incomplètement fermenté. Au printemps, avec le réchauffement de l'atmosphère, les sucres résiduels et les levures conservées permettent une reprise de la fermentation alcoolique.

Pour faciliter la mise en bouteilles, il faut ralentir la fermentation par le froid et par élimination de levures. Ainsi, à Limoux, dès le XVIe siècle, on filtrait « sur manches » (des sortes de bas) et on pratiquait de multiples soutirages. À Die, comme l'a rapporté Pline, les Voconces immergeaient les fûts dans les rivières.

Aujourd'hui, à Gaillac, Limoux ou Die, on ralentit la fermentation par les filtrations et le froid et, pour éviter la turbidité (dépôts de levures) et les dégagements gazeux incontrôlés, on fait dégorger les bouteilles. Ces mousseux, fruités et aromatiques, sont d'un charme indéniable. Mieux maîtrisée, leur production est en essor.

Les vins rosés

Les vins rosés relèvent de deux méthodes de vinification. L'une qui se rapproche des techniques appliquées aux vins rouges, l'autre de celles destinées aux vins blancs. Quelle que soit l'option choisie, la difficulté consiste à apporter au vin rosé la juste proportion de couleur et de tanins.

Les caractéristiques des vins rosés

☐ Le critère de la couleur : la palette de couleurs des vins rosés s'étend des vins « tachés » de teinte jaune-rosé aux vins d'un rouge plus soutenu tel le clairet en passant par le rose ou l'orangé. La législation ne définit pas avec précision les limites entre les vins, blancs, rosés ou rouges. La distinction repose essentiellement sur une appréciation visuelle de la couleur et varie d'une région à une autre : ainsi certains vins rouges d'Alsace entreraient plutôt dans la catégorie des rosés dans le Bordelais.

☐ Les cépages et la dégustation. Certains cépages (cépages gris, poulsard de Savoie) produisent des raisins pauvres en pigments colorés et sont souvent réservés à la vinification des vins rosés. Mais les cépages des vins rouges peuvent aussi servir de base aux vins rosés. À la dégustation, les rosés, pauvres en tanins, sont appréciés pour leur légèreté et leur fruité. Une légère acidité rafraîchissante est quelquefois renforcée par une faible teneur en gaz carbonique. Les rosés moelleux sont sucrés car ils contiennent des sucres résiduels.

Les deux techniques de vinification

☐ La macération courte est la technique de vinification des rosés la plus répandue. Les premières phases de foulage, égrappage, sulfitage et mise en cuve sont semblables à celles d'une vinification en rouge. Le premier apport de soufre ralentit le départ de la fermentation et favorise la dissolution dans le jus des pigments rouges et des tanins contenus dans les pellicules. La saignée est l'opération-clé qui consiste à écouler le jus déjà coloré pour le séparer des pellicules et donc limiter la prise de couleur du jus. Elle survient après 12 à 48 h de macération selon la richesse en pigments colorés du raisin, la température du jus et l'importance de la dose de soufre ajouté qui renforce la couleur. La saignée est totale quand l'ensemble du jus recueilli est destiné au vin rosé, partielle quand seule une partie est prélevée pour être vinifiée en rosé. Le reste du jus est laissé au contact des pellicules pour devenir un vin rouge. Cette technique de saignée partielle est préconisée pour accroître la concentration d'un vin rouge trop dilué du fait de haut rendement, manque de maturité ou de récolte sous la pluie. Le vin de saignée est ensuite placé en cuve pour subir la fermentation alcoolique.

☐ La vinification par pressurage direct. Le raisin peut être foulé puis éventuellement égoutté pour recueillir le jus et le séparer des pellicules colorées. Ensuite, la vendange subit des pressées successives dans un pressoir. Le rosé sera composé à partir des premières pressées moins colorées et moins tanniques auxquelles on ajoute éventuellement le jus d'égouttage incolore. Dans la cuve, on ajoute du soufre et quelquefois de la bentonite pour permettre la précipitation des grosses particules ou bourbes, et renforcer la couleur et les arômes. Puis on fait fermenter le jus entre 18 et 20° pour préserver les arômes.

CLASSIFICATION DES VINS ROSÉS

On peut caractériser les vins rosés en fonction de leur teinte qui s'étend du rose très pâle au rouge légèrement soutenu. On dit d'un rosé qu'il a une teinte « œil de perdrix » quand sa couleur est d'un rose vif, une teinte « pelure d'oignon » quand la coloration est jaune-orangé.

Teinte du vin : Qualificatif décrivant la robe d'un vin

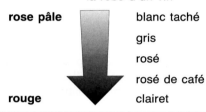

rose pâle	blanc taché
	gris
	rosé
	rosé de café
rouge	clairet

■ Les cépages gris

On distingue trois catégories de cépages selon la couleur des baies de raisin : les cépages blancs, les cépages rouges, les cépages gris (ou rosés). Un grand nombre de cépages existent d'ailleurs dans ces trois variétés de couleur à l'exemple du pinot noir, blanc, et gris. La différence de couleur tient à la richesse des grains en polyphénols et particulièrement en anthocyanes qui sont les pigments rouges des pellicules. Une teneur importante en anthocyanes donne des grains de couleur rouge ou noire pour les cépages rouges. L'absence d'anthocyanes explique la couleur jaune des baies de cépages blancs. Les cépages gris produisent des raisins qui contiennent une faible quantité d'anthocyanes qui colore les baies en rose ou en gris.

Les cépages gris occupent une faible surface du vignoble français et sont plantés plutôt dans le Sud-Est : le piquepoul gris représente 50 hectares dans le Midi. Des surfaces importantes sont consacrées au Mauzac gris avec 500 hectares dans le Tarn, le Tarn-et-Garonne et le Midi de la France. L'aramon gris produit sur 1 600 hectares du vin de table dans le Midi. Tous ces cépages gris sont destinés à la vinification des vins blancs. Dans plusieurs régions, on utilise la coloration faible des cépages gris pour produire des vins rosés. À Reuilly, le pinot gris offre un rosé délicat, fruité qui peut vieillir. Le grolleau gris constitue un vin rosé agréable en Vendée. Le poulsard est un cépage gris que l'on utilise, en particulier dans le Jura, pour l'élaboration de vins rosés. Ces rosés du Jura sont vinifiés comme des vins rouges avec macération prolongée des pellicules et du jus, mais la faible coloration des baies transmet peu de couleur au vin. Ces vins rosés sont fruités, légèrement tanniques, et offrent une certaine capacité de vieillissement.

■ Le clairet

La cave coopérative de Quinsac en Gironde produit un vin très particulier, le clairet. Le clairet, par sa teinte rouge peu soutenue, se situe à la limite des vins rosés et des vins rouges. Il est recherché pour son caractère fruité et sa fraîcheur que renforce un léger pétillement. Le clairet est obtenu à partir de cépages nobles rouges du Bordelais que sont le merlot, le cabernet sauvignon et le cabernet franc. Les premières étapes d'élaboration, foulage, égrappage, mise en cuve sont identiques à celles de la vinification des vins rouges. On écourte toutefois la durée de contact entre le jus et les pellicules colorées après 24 à 36 heures de macération. Le jus teinté est alors séparé des pellicules et termine sa fermentation alcoolique. La fermentation malolactique réduit l'acidité du vin.

DU RAISIN AU VIN

LES VINIFICATIONS

LES SPÉCIALITÉS

L'ÉLEVAGE

LES LIEUX

LE CHOIX

Vins doux naturels blancs

Les vins doux naturels (VDN) sont des vins mutés, c'est-à-dire des vins dont la fermentation est arrêtée par addition d'alcool. Il reste donc une certaine quantité de sucre non converti. Avant leur mutage, les VDN blancs sont vinifiés comme des vins blancs secs.

▶ Une législation rigoureuse

□ Des moûts riches en sucre. Rendement fixé : 30 hl de moût par hectare, 252 g minimum de sucre par litre de moût.

□ Des vins riches en alcool et en sucre. Un litre de VDN blanc doit présenter un taux d'alcool acquis (= degré réel) de 15 à 18° et une richesse en sucre de 45 g minimum, 100 g pour les muscats. Alcool total (alcool + sucre) : 21°.

▶ La vendange

□ Des raisins surmaturés. Le fort taux de sucre exigé dans le moût implique le passerillage, ou dessication naturelle des raisins sur pied, qui assure une meilleure concentration en sucre, le brûlage d'un maximum d'acides et un optimum aromatique. Le climat méditerranéen assure les meilleures conditions du passerillage.

□ L'étalement des vendanges. On étale les vendanges pour des raisons d'altitude, de microclimat ou, plus généralement, d'époques différentes de maturité des cépages ; le muscat à petits grains mûrit le premier, le muscat d'Alexandrie le dernier.

□ Des vendanges manuelles : les raisins doivent être intacts pour éviter l'oxydation, les contacts entre jus et matières solides provoquant un début de macération.

▶ La fermentation et le mutage

□ Opérations préfermentaires. Pour préparer la fermentation, on procède comme dans la vinification en blanc. Le foulage est facultatif et l'éraflage déconseillé : ces rafles serviront de drains lors du pressurage et le faciliteront parce que les jus sont visqueux. Ce pressurage est suivi d'un sulfitage et, souvent, d'un débourbage léger.

□ Une fermentation partielle. La fermentation des moûts est partielle puisqu'elle est bloquée par un ajout d'alcool neutre à 96° (les eaux-de-vie sont prohibées), à raison de 5 à 10 % du volume du moût (législation française). La pratique des mutages fractionnés ralentit la fermentation et évite les hausses de température : c'est bénéfique pour la conservation des arômes. Un sulfitage accompagne le mutage (8 à 10 g/hl).

□ Mutage et types de VDN. Selon le taux de sucre résiduel et, donc, du volume d'alcool ajouté, on obtient différents types de VDN : sec, demi-sec, demi-doux, doux.

▶ L'élevage des VDN blancs

□ Les muscats. Pour conserver la fraîcheur et les arômes du raisin, on évite toute oxydation en les élevant en milieu réducteur (sans oxygène), d'où les installations sous gaz inerte (l'azote supprime le contact avec l'oxygène de l'air).

□ Les Rivesaltes blancs. Pour ces vins d'assemblage (4 à 5 cépages), on recherche plutôt une évolution en milieu oxydant (fûts ou bonbonnes non remplis).

CÉPAGES ET TYPES DE VDN BLANCS

■ Les cépages des VDN blancs

Dans toute la zone méditerranéenne, les muscats sont cultivés depuis l'Antiquité. **Le muscat à petits grains** est largement représenté en France, en Espagne ou en Grèce. Arômes muscatés marqués et subtils.
Le muscat d'Alexandrie, peut-être originaire de cette ville, est très répandu en Turquie, au Portugal, en Espagne (moscatel), en Italie. Arômes de figue sèche.
Plusieurs VDN français font aussi appel à trois autres cépages blancs :
le grenache blanc, peu acide et fruité,
le maccabeo, très fin s'il mûrit dans de bonnes conditions,
la malvoisie du Roussillon, aux moûts acides et à la note citronnée.

■ Les VDN blancs de France

Les VDN blancs de France sont tous produits dans la zone méditerranéenne.
VDN du Roussillon : le Rivesaltes (grenache, maccabeo, malvoisie, muscat), le Muscat de Rivesaltes (les deux muscats).
Muscat de Saint-Jean-de-Minervois : dans le Haut Minervois, à 300 m d'altitude, sur des rocailles calcaires et sur quelques schistes, le muscat à petits grains donne l'un des meilleurs VDN du monde. Sur environ 100 ha !
VDN languedociens : seul le muscat à petits grains donne les célèbres VDN blancs de Frontignan, de Mireval et de Lunel. Souvent, après mutage, les vins sont laissés sur leurs bourbes (débris végétaux du moût) plus de trois mois avant d'être soutirés, traités au froid puis élevés en foudres de chêne.
Muscat de Beaumes-de-Venise (Vaucluse) : non loin des Dentelles de Montmirail, sur des sols argilo-calcaires, le muscat à petits grains fait merveille.

■ Petite histoire des muscats de France

Les muscats ont peut-être été cultivés en Narbonnaise gallo-romaine : Pline le Jeune fait allusion, en effet, à des raisins très appréciés des abeilles. Une seconde hypothèse fait remonter aux Croisades l'acclimatation de ces cépages méditerranéens. On soutient aussi que les premières plantations remontent à 1204, date du mariage de Pierre II d'Aragon et de Marie de Montpellier. Quant au mutage... Il a été inventé au XIIIe siècle par le Catalan Arnau de Villanova, régent de l'Université de Montpellier. En ajoutant de l'alcool au moût en fermentation, il réussit à conserver la douceur sucrée et fruitée des muscats.

■ Le charme des muscats

Majoritairement, les VDN de muscat doivent être bus jeunes. Leur charme leur vient en effet des notes de raisin frais, d'agrumes, de menthe ou de miel sauvage que préserve une vinification à l'abri de toute oxydation.

■ Le muscat de Samos

Le moskhato aspro de Samos donne l'un des VDN les plus célèbres du monde. Ce cépage, très proche du muscat à petits grains, est cultivé sur les terrasses taillées sur les coteaux escarpés de l'île. Ses raisins sont cueillis surmaturés, d'août à octobre, selon l'altitude.
Le mutage à l'alcool à 95° se fait à raison du cinquième ou du sixième du volume du moût, lorsque ce moût titre 13°5 d'alcool et reste donc riche de sucre résiduel : 140 à 160 g. Très contrôlé, ce muscat vieillit trois à quatre ans en barriques.

DU RAISIN AU VIN

LES VINIFICATIONS

LES SPÉCIALITÉS

L'ÉLEVAGE

LES LIEUX

LE CHOIX

Vins doux naturels rouges

Les vins doux naturels (VDN) sont des vins mutés, c'est-à-dire des vins dont la fermentation est arrêtée par addition d'alcool. Il reste donc une certaine quantité de sucre non converti. Avant leur mutage, les VDN rouges sont vinifiés comme des vins rouges.

Une législation rigoureuse

☐ Des moûts riches en sucre. Rendement fixé à 30 hl de moût par hectare. 252 g de sucre par litre de moût. Une seule variété de raisin doit donner 80 % du moût : le grenache en France.
☐ Des vins riches en alcool et en sucre. Un litre de VDN rouge doit présenter un taux d'alcool acquis (= degré réel) de 15 à 18° et une richesse en sucre de 45 g minimum. Alcool total (alcool + sucre) : 21,5°.

Des raisins aux VDN

☐ Des raisins surmaturés. Le fort taux de sucre exigé dans le moût implique le passerillage, ou dessication naturelle des raisins sur pied.
☐ Foulage et éraflage. Comme pour les vins rouges, on foule la vendange et parfois on l'érafle.
☐ La cuvaison. La cuvaison est la phase essentielle de la vinification en rouge : mis en cuve, le moût et le marc (parties solides de la vendange : pellicules, pépins et, parfois, rafles) macèrent et fermentent. La macération du marc permet l'extraction des arômes, de la couleur, des tanins et d'autres substances. La fermentation alcoolique a lieu pendant une partie de la macération. Sa durée et ses conditions de température sont étroitement surveillées.
☐ Le mutage. Dans la plupart des cas, au bout de quelques jours de cuvaison, on écoule le moût en fermentation puis on le mute à l'alcool neutre à 96 %. Le volume d'alcool ajouté peut varier de 5 à 10 % de celui du moût.
☐ Cas du mutage sur marc. Traditionnellement, à Banyuls et à Maury, le mutage a lieu pendant la macération : c'est le mutage sur marc (= sur grains). Ce procédé, qui implique l'égrappage de la vendange (les tanins de rafles sont jugés grossiers), permet de très longues macérations, de 10 à 20 jours. On obtient des vins très colorés, tanniques et aromatiques, aptes au vieillissement.

L'élevage des VDN rouges

☐ Le type *rimage*. Le terme *rimage*, usité à Banyuls, désigne les VDN élevés à l'abri de toute oxydation pour préserver tout le fruité et tous les arômes primaires (ceux du cépage). Comme la plupart des vins rouges, ils sont donc élevés en oxydoréduction, dans des contenants hermétiques, pratiquement sans oxygène, en état... d'asphyxie.
☐ L'élevage en milieu oxydant. On recherche au contraire l'oxydation qui provoque le changement de couleur (teintes tuilées) et l'apparition de bouquets caractéristiques (fruits secs, vanille, café, cacao). Procédés utilisés : élevage en foudres ou en fûts de bois en légère vidange (un peu d'air est laissé), fûts ou bonbonnes à l'extérieur (pour accélérer les réactions physico-chimiques), toujours en légère vidange.

CÉPAGES ET TYPES DE VDN ROUGES

■ Les cépages des VDN rouges

Les cépages des VDN français. Le cépage essentiel est le grenache noir. Il excelle sur les sols caillouteux de calcaire et de schiste : il y donne un vin un peu acide, très fruité, capiteux. Cépages d'appoint : le carignan, qui donne de la structure à l'ensemble, le cinsaut (vins souples et harmonieux), la syrah (vins très colorés, arômes de violette).

Les cépages du porto. Leur variété s'explique par celle des sols et des microclimats. Cépages : le touriga, qui rappelle le cabernet franc, le baştardo, le mourisco et des cépages à raisins très noirs, les tintos et les sousaos, qui donnent de la couleur au porto.

■ Les VDN rouges de France

Les VDN rouges sont tous produits dans la zone méditerranéenne.
Ce sont :
Le Banyuls, en Roussillon, où les vignes en terrasses, sur des sols de schistes, dominent la Méditerrannée ;
Le Rivesaltes rouge, en Roussillon et, en partie, dans les Corbières ;
Le Maury, au nord de l'Agly (Pyrénées orientales), sur sols de schistes ;
Le Rasteau, dans le Vaucluse, sur des sols de sables, de galets et de marnes au nord, sur des terrasses à galets au sud. Ces VDN utilisent le grenache à 90 % (Banyuls, Rivesaltes) ou à 100 % (Maury, Rasteau).

■ Le Banyuls Grand Cru

Pour le Banyuls Grand Cru, l'égrappage est obligatoire et la macération doit durer au moins cinq jours. Les mentions brut, dry ou sec désignent des vins contenant moins de 54 g de sucre résiduel. La mention Grand Cru implique un second certificat d'agrément.

■ Le rancio

Le rancio (de l'espagnol : *vieux* et *rance*) est cette flaveur particulière due à l'oxydation des VDN rouges (et, parfois, blancs). Les vins rancios, riches en alcool, ont des goûts complexes.
La consommation de rancio est restée longtemps familiale. Les méthodes d'élaboration en étaient variées. Voici la plus connue : dans un demi-muid laissé en légère vidange, on prélève chaque année un peu de Banyuls et on comble le vide avec un Banyuls moins vieux.

■ Le porto

25 000 hectares de vignes sur sols schisteux et sous-sols granitiques, tel est, dans la région du Haut-Douro, le terroir du porto, le plus sec du Portugal.
On ne foule plus les raisins au pied au son des mélopées et des instruments rustiques et, dans les *quintas*, propriétés viticoles, foulage et égrappage sont mécanisés. Le porto est viné jusqu'à 20 %, à l'eau-de-vie, ce qui le différencie des VDN français. On dit que ce mutage est un peu magique : il permettrait de transformer des vins somme toute âpres et durs en une boisson si racée qu'on essaie de l'imiter, des États-Unis à l'Afrique du Sud. Transportés par voie ferrée ou par bateaux à fond plat, les fûts de porto parviennent dans les *lodges* de Vila Nova de Gaia, en face de Porto. C'est là que le porto est élevé, sous bois, à l'abri de l'air : les portos sont des vins d'oxydoréduction. Selon le mode d'élevage, on distingue deux grands types de portos :

Le blend, ou tawny (= roux) est issu de coupages de vins d'années et d'origines différentes. **Le porto ruby** est un vin similaire mais jeune.

Le vintage est un porto millésimé qui demande un long élevage.

Vins de liqueur et vermouths

> **Les vins de liqueur (VDL) sont obtenus par addition d'une eau-de-vie au moût de raisin. Les vermouths sont des produits à base de vin, d'alcool et de vins de liqueur.**

▬▬ Le pineau des Charentes

Produit dans la zone du cognac, le pineau des Charentes peut être blanc ou rosé. Le moût et le cognac qui sert au mutage doivent provenir de la même exploitation viticole.
□ Les cépages du pineau. Pour le pineau blanc : l'ugni blanc, le colombard, la folle blanche, le montils, le sémillon et quelques autres. Pour le pineau rosé : le cabernet sauvignon, le cabernet franc, le merlot et le malbec. Rendement : 60 hl/ha.
□ Le pineau blanc. Il est élaboré à partir des moûts de raisins blancs, sans macération. Mutage au cognac rassis (élevé sous bois) : 3/4 de moût et 1/4 de cognac.
□ Le pineau rosé. Il est élaboré à partir des moûts de raisins rouges, avec macération. Mutage au cognac rassis après courte macération.
□ Le titrage. Les pineaux, blancs ou rosés, doivent présenter un taux d'alcool de 16 à 22°. Taux de sucre : 125 à 140 g/l.
□ L'élevage du pineau : obligatoirement sous bois jusqu'à la commercialisation.

▬▬ Le floc de Gascogne

Produit dans la zone de l'armagnac, le floc de Gascogne peut être blanc ou rosé. Le moût et l'armagnac qui sert au mutage doivent provenir de la même exploitation viticole.
□ Les cépages du floc. Pour le floc blanc : l'ugni blanc, le colombard et le bacco 22 A, un hybride, auxquels s'ajoutent le gros manseng, le baroque, le sauvignon et le chasan. Pour le floc rosé : cépages du pineau. Rendement autorisé : maximum de 60 hl/ha.
□ Les vinifications du floc. Mêmes conditions que celles du pineau mais on mute le moût à l'armagnac de 55 à 68°. Titrage : 16 à 18°.

▬▬ Les vermouths

□ L'élaboration du vermouth :

Étape 1	On prépare un mélange de vins, de sirops et de mistelles. Parallèlement, on fait macérer des plantes et même des fleurs dans de l'alcool.
Étape 2	On mélange et on brasse les deux liquides obtenus.
Étape 3	On ajoute des tanins puis on clarifie.
Étape 4	On pasteurise le vermouth obtenu puis on le réfrigère pour le stabiliser.

□ Les vermouths célèbres. Les vermouths français sont en général secs. Celui de Chambéry, fait à partir des vins blancs de Savoie et des herbes des Alpes, a droit à une AOC. Le Byrrh, le Saint-Raphaël et le Noilly-Prat sont les plus connus. En Italie, où les vermouths sont plus sucrés, Cinzano, Martini, Gancia sont les marques les plus cotées.

PRATIQUES ŒNOLOGIQUES

■ La vinification du pineau

Pineau blanc

La vendange est foulée (on fait éclater les baies pour libérer du jus), éraflée (élimination de la charpente ligneuse de la grappe) puis pressurée (on presse les raisins pour en extraire les jus de presse). Les moûts obtenus sont débourbés, c'est-à-dire débarrassés de leurs bourbes (terre, débris solides du raisin), puis on les mute au cognac.

Pineau rosé. On distingue trois procédés d'extraction de la couleur :

1. Après foulage et éraflage, phase de macération à froid de 36 h avec 3 à 4 g/hl de SO_2 (anhydride sulfureux).

2. Après foulage et éraflage, phase de macération à froid avec du cognac, de 24 à 48 h.

3. Après foulage et éraflage, on chauffe la vendange à 50° pendant 4 h pour extraire la couleur.

Dans les trois cas, on procède ensuite au pressurage puis on mute les jus (de goutte et de presse).

■ Histoire d'une erreur

On raconte que le pineau serait né tout à fait par hasard. Au XVIe siècle, un vigneron rêveur et distrait avait rempli de moût un fût qui contenait un peu d'eau-de-vie. Comme ce moût ne fermentait pas, notre homme l'oublia plusieurs années. Et, un jour, ce fut le miracle : le liquide délaissé était... du pineau !

■ D'autres vins de liqueur

Le macvin du Jura est la troisième AOC de VDL reconnue en France. Expression des cépages jurassiens, le moût est muté avec de l'eau-de-vie de marc du Jura (2/3 de moût, 1/3 de marc environ). Le macvin titre 17°.

Les ratafias de Bourgogne ou de Champagne étaient, paraît-il, bus au moment de ratifier un traité, d'où leur nom. Deux parts de moût et une part de marc, telle est leur équation.

À Frontignan, pays de VDN, on vinifie aussi un VDL à partir du muscat doré. Le moût contient 234 g de sucre/l. Pour le mutage, un apport de 15 % d'alcool pur à 95° est suffisant.

■ Caractères gustatifs des vins de liqueur

Jeunes, les vins de liqueur allient le fruité et les arômes du raisin à la finesse des eaux-de-vie du mutage. Selon les cépages et le terroir, ces flaveurs varient agréablement.

Vieillis en fûts de chêne, ils prennent une teinte ambrée et fleurent le pruneau, la noix ou le rancio (flaveur particulière des vieux VDL et des vieux VDN).

■ La résurrection du lillet

Le lillet, un apéritif à base de vin, né à Podensac en Gironde en 1887, fut longtemps célèbre en France mais, depuis les années 50, une éclipse quasi totale le menaçait de mort. Heureusement, les New-Yorkais, qui s'en étaient entichés, lui permirent de survivre. Jusqu'à sa résurrection actuelle, due à la qualité du produit et au dynamisme commercial retrouvé.

Le lillet a pour support essentiel des vins blancs d'AOC girondins issus de sémillon, le grand cépage du Sauternais, et pour une plus faible part, de sauvignon et d'ugni blanc. Les liqueurs de fruits ajoutées à ces vins apportent des arômes subtils. Aucune pasteurisation mais un élevage en foudres de chêne, avec collages et soutirages, durant un an. Le lillet actuel est moins liquoreux et moins dosé en quinquina que son ancêtre du siècle dernier. En revanche, il est plus fruité et plus délicatement aromatique. En deux versions : lillet blanc et lillet rouge.

DU RAISIN AU VIN
LES VINIFICATIONS
LES SPÉCIALITÉS
L'ÉLEVAGE
LES LIEUX
LE CHOIX

Vins insolites

> Nés de raisins blancs ou rouges, toujours surmaturés ou passe-rillés, parfois botrytisés, produits selon des pratiques ancestrales, ces vins insolites sont difficiles à classer, parfois secs mais souvent liquoreux : vins jaunes du Jura, vins de paille, Tokay de Hongrie, et tant d'autres, de Chypre à l'Andalousie.

■■■■ Le vin jaune du Jura

□ Une vinification classique. Les raisins du savagnin, un cépage blanc jurassien, sont récoltés tardivement, jusqu'à la fin d'octobre. Surmûris et parfois « pourris nobles », ils sont égrappés, foulés, pressés : le moût, riche en sucre (192 g/l), donne un vin de 13 à 14°.
□ Un vin de voile. À la fin des fermentations, ce vin est soutiré dans des fûts ou des foudres de chêne où il va rester six à dix ans. Un voile gris de levures aérobies se développe à sa surface. Elles absorbent l'oxygène et préservent donc le vin de l'oxydation. Les transformations de couleur et de goût sont telles que le vin « jaune » obtenu, très ambré, développe des flaveurs de noix et d'amande grillée.

■■■■ Vins de paille du Jura et d'ailleurs

□ Le vin de paille du Jura. Il est issu d'un assemblage de raisins de cépages rouges et blancs, avec prédominance du melon (= le chardonnay). En novembre, après les premières gelées, on vendange les grappes surmûries et exemptes de pourriture grise. Suspendues ou mises à sécher sur un lit de paille pendant deux ou trois mois, elles se déshydratent et les sucres se concentrent. On procède alors à l'égrappage puis de petits pressoirs de bois donnent un moût ou plutôt un suc très riche (300 à 350 g sucre/l). La fermentation, qui commence à la fin de l'hiver, peut durer deux ou trois ans ! Elle s'arrête seule quand le vin titre environ 15° d'alcool et 2 ou 3° de sucre. Élevé deux ou trois ans en fûts, le vin de paille est d'une longévité... interminable.
□ Vins de paille d'ailleurs. Le Strohwein d'Alsace et les vins de paille de l'Hermitage ou de Corrèze, devenus confidentiels, intéressent à nouveau de jeunes viticulteurs.

■■■■ Le Tokay (hongrois : Tokaj)

□ Le vignoble de Tokay. Non loin de l'Ukraine, sur des sols volcaniques, une trentaine de villages, dont Tokaj, produisent le vin le plus célèbre de Hongrie. Le microclimat, dû à la rivière Bodrog, favorise la pourriture noble des raisins blancs du furmint.
□ La gamme des Tokay. Les grains seulement surmûris et occasionnellement pourris nobles donnent le Tokay szamorodni (= tel qu'il vient), secs ou doux selon les années. Par contre, les grains *azsu*, c'est-à-dire « rôtis », y donnent le Tokay Eszencia, nectar issu de leur premier jus de goutte, et le Tokay aszu.
□ Le Tokay aszu. Pour l'obtenir, on ajoute au moût des raisins non pourris, logé dans les fûts *gönci* (136-140 l), une certaine quantité de moût *azsu*, sorte de pâte mesurée en *puttonyos*, seaux de 30 l. La fermentation se déroule à basse température dans les longues caves voûtées creusées dans la lave. Pendant l'élevage — six ou sept ans —, le Tokay subit une oxydation très lente et contrôlée.

■ Le clavelin du Jura

Le vin jaune est conservé dans son clavelin, bouteille traditionnelle de 62 cl, conçue peut-être au début du XVIe siècle, aux verreries de la Vieille Loye. À la mise en bouteille, le vin jaune a déjà six ans mais, dans ce flacon propice, il peut mûrir cent ans ! Vin parfaitement stable, il se conserve longtemps dans le clavelin entamé.

■ Banyuls : l'inclassable de la Rectorie

Au domaine de la Rectorie, à Banyuls, on produit depuis 1987 un vin absolument naturel, à partir des raisins de grenache (le noir et le gris). Cette année-là, fin octobre, les moûts titraient 23° ! Les raisins, très passerillés et confits par le soleil, ont été foulés puis difficilement pressés. Les levures autochtones ont alors fait leur travail puis la fermentation s'est arrêtée d'elle-même. À 18° 5 ! Trois ans de barrique, sans sulfitage ni soutirage puis ce résultat : un nectar superbe, ambré, très fruité, aux flaveurs de noix, d'orange amère et de cacao. Mais, paradoxalement, ce vin splendide, qui correspond à un rendement janséniste de 5 hl/ha mais n'est pas muté à l'alcool, n'a pas droit à l'AOC Banyuls réservée aux VDN ! Il doit se contenter d'une très modeste étiquette de vin de table : Domaine de la Rectorie, 75 cl, 18° (sic !).

■ Le Tokay aszu

Le nombre de *puttonyos* ajouté au moût de base figure toujours sur l'étiquette de Tokay aszu, le vin le plus prestigieux de Hongrie. Les vins de 5 ou 6 *puttonyos* sont presque entièrement composés de moût *aszu*. Ce sont les plus concentrés et les meilleurs. Le Tokay aszu est embouteillé dans des flacons de 50 cl. Ce vin ambré, miellé et fruité, développe un bouquet riche et composite.

■ Chypre : comme à l'époque d'Homère

À Chypre, dans quelques villages montagnards, sur les flancs du mont Olympus, on expose au grand soleil les raisins blancs et rouges qu'on vient de vendanger. Ensuite, comme au temps fabuleux de l'Odyssée, on vinifie les moûts dans d'énormes jarres de terre cuite, enterrées et enduites de poix, de cendre de vigne et de poils de chèvre. Pendant plusieurs années, on fait confiance à la nature. Quand on prélève un peu de ce Commanderie, jadis cher aux Templiers, dans la jarre la plus ancienne, on la complète avec le vin plus jeune de la jarre voisine. Et ainsi de suite : c'est le principe de la *solera* appliqué à Jerez. Aujourd'hui, le négoce achète les vins aux vignerons. Le breuvage marron et mou qu'on vend a des rapports lointains avec le Commanderie centenaire, vin très sombre et très concentré, capiteux et doux, quintescence du soleil.

L'*aszu* naît des baies rôties par le *botrytis cinerea*. Comme à Sauternes !

DU RAISIN AU VIN
LES VINIFICATIONS
LES SPÉCIALITÉS
L'ÉLEVAGE
LES LIEUX
LE CHOIX

Le xérès et le madère

Le jerez (syn. : xérès, sherry) et le madère sont tous deux des vins vinés : on leur ajoute de l'alcool après la fermentation. Mais le premier, Andalou, né d'un terroir calcaire, est souvent un vin de voile alors que le second, issu des vignes en terrasses de l'île de Madère, est un vin longuement étuvé.

▬▬▬ Vinification du xérès

□ Des raisins passerillés. Les raisins du palomino, cépage essentiel du vignoble de Jerez (90 %), sont cueillis en pleine maturité puis exposés au soleil sur des paillassons : leur eau s'évapore et la teneur en sucre croît. Ce procédé est une forme de passerillage.
□ Les opérations préfermentaires. Ce sont celles utilisées pour les blancs secs. De plus en plus, on achemine la vendange directement au pressoir (pressurage : on presse les raisins pour obtenir le moût, ou jus). Une particularité : on ajoute du sulfate de calcium au moût pour faciliter la clarification et la fermentation. C'est le « plâtrage ».
□ La fermentation alcoolique. Quand elle a lieu dans les fûts traditionnels de 500 litres, elle se déroule bonde ouverte. Tumultueuse pendant les premiers jours, elle se continue plus lentement pendant deux mois. Le vin obtenu est parfaitement sec.

▬▬▬ L'élevage du xérès

□ Une première sélection. Au moment du soutirage, entre janvier et mars, les maîtres de chai classent chaque fût selon les caractéristiques des vins nouveaux. Le premier critère est l'aptitude à prendre la *flor*.
□ La *flor* du xérès. La *flor* est un voile pâle de levures aérobies qui se développe à la surface des futurs *finos*. Un phénomène similaire caractérise les vins jaunes du Jura (page 58). Par contre, les *olorosos* n'ont pas de fleur ou très peu.
□ Le vinage. Cet ajout d'eau-de-vie dépend des types de vins : jusqu'à 15° 5 pour la famille des *finos* élevés sous voile de levures dans les fûts remplis aux 3/4), jusqu'à 18° pour celle des *olorosos* (élimination d'une éventuelle fleur).
□ La *solera*. C'est un système complexe de soutirage (on transvase du vin d'un fût dans un autre) qui permet des assemblages de vins d'années différentes.

▬▬▬ Le madère

□ Des raisins au *vinho clar*. Les vendanges sont longues à Madère. Elles commencent en août au niveau de la mer et se poursuivent jusqu'en octobre sur les pentes abruptes où le raisin mûrit plus tard en raison de l'altitude. Les vignerons foulent et pressent eux-mêmes puis transportent le moût dans les *lodges* des négociants de Funchal où se déroule la fermentation. On appelle *vinho clar* le vin obtenu.
□ Du *vinho clar* au madère. Les futurs madères doux sont vinés aussitôt après la fermentation alcoolique. Les secs attendent la fin de l'étuvage. Cette opération essentielle, d'une durée de six mois, consiste à chauffer progressivement les fûts jusqu'à 40-46 °C. Elle a lieu dans l'*estufa*, vaste chai spécialisé. En six mois, la température redevient progressivement normale. Le vin se repose alors 18 mois puis les assemblages, comme à Jerez, se font selon le procédé de la *solera*.

TECHNIQUES ET TYPES DE VINS

■ Xérès : le terroir et le vin

Au pays du xérès, le sol fait le vin : les zones crayeuses, les *albarizas*, sont de loin les meilleures. Le palomino s'y enracine profondément et la croûte dure du calcaire le protège de la chaleur estivale. Les *barras* (calcaire, argile et sable) sont moins favorables, les *arenas* (sables) bons pour des coupages fort communs.

■ La solera

La pratique de la *solera* concerne aussi bien les *finos* que les *olorosos*. Dans les *bodegas* (chais), les barriques sont superposées, en quatre étages généralement. La rangée du bas, près du sol, est la *solera*. Elle contient les vins les plus vieux. Les autres rangées, ou *criaderas* (les nurseries !), contiennent les vins de plus en plus jeunes.
Lorsqu'on prélève du vin de la *solera* (un tiers du fût), on le remplace par du vin de la première *criadera* qui, à son tour, reçoit du vin de la seconde, et ainsi de suite.

■ Les différents types de xérès

Les jerez-xérès-sherry appartiennent à deux grandes familles :
Famille des finos. Ce sont les vins de *flor*, dont l'élevage est biologique. Le *fino* proprement dit est clair, à peine doré, léger et très sec, avec des arômes de pomme et d'amande. Il titre 15° 5 à 17. L'*amontillado*, plus ambré, fleure la noisette. Il titre 16 à 18°. Uniquement produite à Sanlucar, la *manzanilla* est légère, éthérée et salée (proximité de l'Atlantique).
Famille des olorosos. La *flor* est absente ou rare. L'exposition des fûts au soleil leur donne le goût *rancio*. L'*oloroso* proprement dit est vieil or, son bouquet est de noix, sa bouche moelleuse et corsée. Il titre 18 à 20°. Le rarissime *palo cortado* évoque le *fino*. Le *raya* est plus commun.

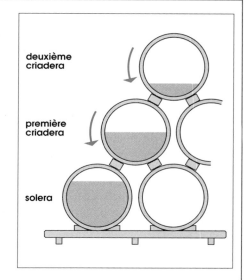

deuxième criadera

première criadera

solera

■ Les différents types de madère

Les appellations de madère correspondent à la fois aux quatre cépages de l'île et au taux d'alcool ajouté :
Le sercial. Cépage blanc. Vin sec, couleur paille ou dorée, bouquet intense.
Le verdelho. Cépage blanc. Vin plus doux et plus souple que le sercial.
Le bual (ou boal). Donne un madère plus doux que le *sercial* et le *verdelho*.
Le malmsey. Né du cépage malvoisie répandu dans la zone méditerranéenne. Vin très sucré, corsé, bouqueté, avec une note de caramel.

■ La madérisation

La madérisation est une oxydation. Pour les bourgognes blancs ou les graves, c'est un défaut et le terme est péjoratif. En revanche, pour les vins riches en alcool, les vins vinés et les VDN, la madérisation correspond à un bouquet d'oxydation, par formation d'aldéhydes. Se développent alors de riches senteurs de coing, de fruits secs, de noix sèches.

DU RAISIN AU VIN

LES VINIFICATIONS

LES SPÉCIALITÉS

L'ÉLEVAGE

LES LIEUX

LE CHOIX

L'armagnac

L'armagnac est une eau-de-vie de vin produite dans le Gers et quelques cantons des Landes et du Lot-et-Garonne, sur 13 000 ha. Il résulte de la distillation des vins blancs de trois zones délimitées.

▰▰▰▰ Les terroirs et les cépages

☐ Trois régions de production et d'appellations. Bas Armagnac, Haut Armagnac et Ténarèze sont à la fois des terroirs délimités et des appellations. L'appellation Armagnac remplace souvent les mentions Haut Armagnac et Ténarèze.

☐ L'encépagement. La folle blanche, cépage charentais longtemps utilisé, n'occupe plus que 22 % de l'encépagement (très sensible à la pourriture grise). Le colombard, lui aussi charentais, est plutôt délaissé. Par contre, l'ugni blanc (55 % de l'encépagement) et le baco 22 A, un hybride de folle blanche et de noah (35 %) dominent aujourd'hui.

▰▰▰▰ La distillation armagnacaise

☐ Le vin blanc de base. Ce blanc sec, qui titre souvent moins de 10 degrés, n'est pas soutiré (conservé sur lies) et l'usage de l'anhydride sulfureux est prohibé.

☐ L'alambic armagnacais. Un alambic est un appareil qui, par distillation, permet de tirer une eau-de-vie du vin. L'alambic armagnacais est à coulée continue : à la différence de l'alambic charentais, il distille le vin en une seule fois. L'alambic armagnacais, en cuivre pur, comprend deux ou trois chaudières superposées.

☐ Le principe de la distillation. Le vin, chauffé, se vaporise. Les vapeurs remontent à travers des plateaux où elles barbotent dans le vin qui descend pour alimenter l'alambic en continu. Elles captent les arômes du vin qui donneront sa typicité à l'armagnac. Cette distillation doit être conduite dans les trois mois suivant la vendange.

▰▰▰▰ Le vieillissement de l'armagnac

☐ L'élevage en fûts neufs. L'eau-de-vie qui sort de l'alambic, d'une teneur alcoolique de 52 à 72 %, est directement logée en fûts de chêne gascon neuf de 400 à 420 litres. Elle s'affine et s'enrichit : les matières tanniques colorantes et aromatiques du bois se dissolvent dans l'alcool. Durée de cet élevage : de 6 à 12 mois. L'évaporation est de 3 % du volume : c'est la « part des anges ».

☐ Le transfert en fûts « épuisés ». L'eau-de-vie, désormais ambrée, est transvasée dans des fûts plus anciens dits « épuisés ». Elle y perd son astringence, y prend douceur, couleur et développe ses arômes. Parfois, elle passe dans un troisième fût.

☐ L'apport de « petites eaux ». Ces mélanges d'eau distillée et d'eau-de-vie, ajoutés à l'armagnac, permettent d'en réduire le degré (40°).

☐ Les coupes. Ce sont des mélanges d'eaux-de-vie d'âges ou d'origines différents pratiqués par les maîtres de chai. But : obtenir un produit aux qualités constantes.

LES TROIS ZONES DE L'ARMAGNAC

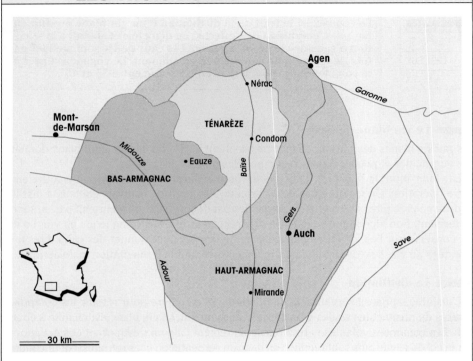

■ Historique de l'armagnac

Sans doute élaboré dès le XIVe siècle, l'armagnac fut d'abord l'élixir médicinal des moines de Gascogne. À partir du XVIe siècle, les marchands hollandais rendirent célèbre cette « ayga ardenta » (gascon « eau ardente ») : ils approvisionnèrent l'Europe et les équipages de leurs navires. C'est à la fin du XIXe siècle qu'apparut l'alambic armagnacais en continu. Les décrets de 1909 et de 1936 ont défini les appellations contrôlées.

À l'ouest, le Bas Armagnac produit les eaux-de-vie les plus réputées, fruitées et fines, sur les sables ferrugineux apportés par une transgression marine au tertiaire.

À l'est et au sud, le Haut Armagnac, moins coté, a des sols à dominante calcaire.

Au milieu, autour de Condom, les sols argilo-calcaires de la Ténarèze donneront des eaux-de-vie plus rustiques, corsées et riches.

Le cognac

Le cognac est le fruit de la distillation d'un vin blanc produit en pays de Charentes. Elle s'effectue en deux fois et aboutit à la sélection d'eaux-de-vie de 70° environ. Les eaux-de-vie sont vieillies en fûts de chêne puis assemblées savamment. Le cognac est prêt à la commercialisation, il titre en bouteille entre 35 et 45°.

■ Le vin blanc de base

Les raisins blancs destinés au cognac proviennent à 95 % du cépage ugni blanc donnant des vins acides et peu alcoolisés recommandés pour la distillation.

□ La vinification : le raisin est foulé, pressé pour séparer le jus et introduit en cuve sans autre opération. On n'ajoute pas de soufre qui donnerait de mauvais goûts à la distillation, on ne précipite pas les grosses particules par débourbage, on n'enrichit pas en sucre. La fermentation alcoolique se déroule naturellement et transforme le jus en vin. Le vin est conservé sur lies, dépôt de particules et de levures pour donner des caractères aromatiques au vin. Il se désacidifie naturellement pendant la fermentation malolactique.

■ La distillation

□ L'alambic, appareil servant à la distillation, est en cuivre pour retenir les composés soufrés du raisin et les acides gras désagréables du vin. Le vin blanc est chauffé à ébullition. Les composés volatiles et tout particulièrement l'alcool s'évaporent et s'échappent par le col du cygne puis sont récupérées dans un serpentin où elles refroidissent et condensent. On récupère le distillat, concentré d'alcool et d'arômes.

□ Une distillation en deux étapes : la distillation du vin blanc produit un distillat dont le degré décroît progressivement. De 60 à 2°, l'alcool recueilli est regroupé sous le terme de « brouillis », au-dessous de 2°, il constitue « les queues ». La redistillation du brouillis permet de reconcentrer en alcool et en arômes. Le premier distillat recueilli est à 78°, il porte le nom de « têtes ». Puis les degrés compris entre 78 et 60° sont précieusement recueillis et forment « le cœur ». Les degrés inférieurs à 60 sont isolés sous le terme de « secondes ». Seul le cœur donne les eaux-de-vie qui sont destinées au cognac. Les queues, les têtes et les secondes sont retravaillées en étant incorporées soit au vin blanc soit au brouillis. Cette pratique de recyclage des distillats appelée « coupe » est très variable suivant les distillateurs.

■ Le vieillissement des eaux-de-vie en fûts

Les eaux-de-vie sont vieillies en fûts de chêne deux ans au moins. Le bois assure une oxydation lente favorable au vieillissement, apporte des tanins qui renforcent la structure et des arômes de brûlé, de vanille, de caramel. Lors du vieillissement, une trop faible partie de l'alcool s'évapore pour que l'on obtienne les 40 ou 45° de la commercialisation. On abaisse le degré par adjonction d'eau distillée en plusieurs fois ou en ajoutant un cognac de plus faible degré (25° environ). Les eaux-de-vie de différentes années sont assemblées pour constituer un cognac.

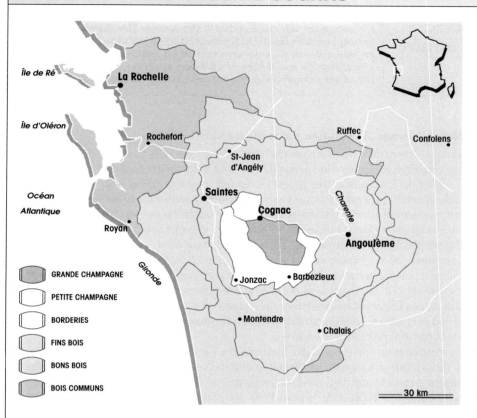

GRANDE CHAMPAGNE
PETITE CHAMPAGNE
BORDERIES
FINS BOIS
BONS BOIS
BOIS COMMUNS

30 km

■ Les six crus de Cognac

Ces crus sont délimités en fonction de la nature des sols, en particulier de la richesse en calcaire. Au fil des années, une hiérarchie des crus s'est progressivement établie, en particulier à partir des prix d'achat par le négoce des vins destinés à la distillation et des eaux-de-vie. Les produits les mieux payés proviennent généralement des crus où les sols sont les plus calcaires : la Grande Champagne et la Petite Champagne. Ces crus offrent des eaux-de-vie très fines, aux arômes fleu-

ris, avec des grandes capacités au vieillissement. La dénomination Fine Champagne définit l'association de cognacs issus de ces deux crus. Les quatre autres sont, dans l'ordre décroissant de renommée, les Borderies, les Fins Bois, les Bons Bois, les Bois ordinaires. Leurs eaux-de-vie ont des arômes plus fruités mais moins complexes, et leur vieillissement est réputé plus rapide. Leur charme vient de leur goût et de leurs arômes de terroir, qui leur confèrent une belle typicité.

DU RAISIN AU VIN
LES VINIFICATIONS
LES SPÉCIALITÉS
L'ÉLEVAGE
LES LIEUX
LE CHOIX

L'élevage des vins rouges

> L'élevage du vin correspond à l'ensemble des travaux de vinification après la fin de la fermentation alcoolique jusqu'à la mise en bouteille ou la vente en vrac. En cuve ou en barrique le vin va connaître de multiples évolutions spontanées. L'homme peut influencer considérablement ces processus naturels.

L'élevage : l'évolution naturelle du vin

Le vin qui est issu de la fermentation doit demeurer encore quelques mois dans le chai pour y être conservé et bonifié. Une partie de l'évolution du vin est spontanée.

☐ L'acidité du vin diminue très progressivement : certains acides se combinent avec les alcools, d'autres précipitent. Ainsi l'acide tartrique diminue sous l'action du froid.

☐ Les arômes initiaux se modifient pour faire place aux arômes de vieillissement : les arômes primaires issus du raisin et les arômes secondaires apparus après fermentation alcoolique s'effacent peu à peu. Les arômes du bouquet se mettent ainsi peu à peu en place.

☐ La couleur du vin évolue vers des nuances plus « orangées » car les anthocyanes disparaissent par précipitation ou se combinent avec les tanins.

☐ La sensation d'astringence et certaines amertumes s'estompent. Les tanins responsables de ces impressions gustatives précipitent ou s'agglomèrent.

☐ Le vin se clarifie naturellement. Les particules en suspension, qui le rendent trouble, précipitent par gravité et forment les lies.

Cette évolution ne correspond pas toujours aux caractères que l'on attend d'un vin. Les vins rouges primeurs expriment leur typicité dans une richesse en gaz carbonique fermentaire et dans le maintien des arômes du fruit et des arômes fermentaires rappelant la banane notamment. On écourte alors l'élevage pour préserver ces caractères initiaux.

Le travail sur le vin

☐ Le soutirage transvase périodiquement le vin d'une cuve à une autre. Il permet d'éliminer les particules qui précipitent naturellement au fond des cuves. Pratiqué avec aération du vin, le soutirage assure un renforcement des arômes du bouquet, une diminution des odeurs de réduit, et de teneur en gaz carbonique et stabilise la couleur.

- L'élevage en barrique est facultatif. Il accroît la complexité du vin grâce à l'apport des tannins et des arômes du bois, et à l'aération lente qu'offre ce matériau.

- Le collage et la filtration complètent éventuellement les soutirages en recueillant les particules non précipitées avant la mise en bouteille pour assurer au vin une meilleure limpidité.

- La stabilisation est parfois réalisée pour prévenir les développements bactériens ou levuriens en bouteille. Elle élimine le tartre pour prévenir son dépôt dans la bouteille.

L'élevage : des règles impératives d'une parfaite conservation du vin

Il faut contrôler et réajuster la concentration en soufre pour éliminer les problèmes d'oxydation et les accidents levuriens et bactériens. Il faut éviter les contacts prolongés du vin avec l'air pour éviter la formation d'acidité volatile : on veille à ce que les cuves soient toujours pleines et le niveau des barriques réajusté.

CALENDRIER D'ÉLEVAGE

sept	fermentation alcoolique	
oct	écoulage	
nov	soutirage avec aération	
déc	soutirage avec aération	
jan		
fév	soutirage avec aération	
mars	descente en barriques	soutirage avec aération
avril		
mai	soutirage et lavage des barriques	soutirage avec aération
juin		
juillet		soutirage avec aération
août	soutirage des barriques lavage	
sept		soutirage avec aération
oct		
nov	soutirage des barriques lavage	soutirage avec aération
déc		
jan		soutirage avec aération
fév	soutirage des barriques + mise en cuves	
mars	collage	
avril		

soutirage avec aération
filtration et mise
en bouteilles

VIN ÉLEVÉ EN BARRIQUES	VIN CONSERVÉ EN CUVES

Conservation sous gaz inerte

Le vin est protégé par de l'azote apporté par une bouteille de gaz comprimé.

soupape de sécurité
azote
vin
bouteille d'azote sous pression

Cuve à chapeau flottant

Le chapeau flottant est posé sur le vin. L'herméticité est produite par le gonflement d'une chambre à air située sur la circonférence du chapeau.

chambre à air
chapeau flottant
pompe
vin

Utilisation de la paraffine

La paraffine crée une couche imperméable à l'air.

paraffine
vin

DU RAISIN AU VIN

LES VINIFICATIONS

LES SPÉCIALITÉS

L'ÉLEVAGE

LES LIEUX

LE CHOIX

L'élevage des blancs secs

Le vin blanc nouveau est trouble et gazeux. Milieu vivant, il est soumis à des actions biochimiques, d'où les risques de maladies. La vinification est donc suivie d'une phase d'élevage.

▬ Soutirage et sulfitage du vin nouveau

□ Le soutirage consiste à transvaser le vin nouveau des récipients de fermentation dans ceux, cuves ou fûts, réservés à l'élevage. Le soutirage assure une légère oxygénation nécessaire à l'évolution du vin, permet d'éliminer le gaz carbonique en excès et les grosses lies, sédiments composés de levures détruites, de bactéries et de tartre.

□ Le sulfitage : l'ajout d'anhydride sulfureux (SO_2), ou sulfitage, permet de protéger le vin contre les maladies et d'empêcher la fermentation malolactique (dégradation de l'acide malique dur en acide lactique plus doux), du moins quand elle n'est pas souhaitée.

▬ Pratiques de l'élevage

□ La préclarification : deux mois environ après la fin de la fermentation, on effectue une préclarification. Généralement, elle consiste en une filtration sur terre par alluvionnage continu : on utilise des plaques à pores d'un grand diamètre réduit par l'apport continu de terre d'infusoires, d'algues fossiles. On ajuste ensuite le SO_2.

□ La conservation à basse température : une température basse, entre 10 et 12 °C, empêche les maladies bactériennes, facilite la clarification naturelle et préserve les arômes et le fruité des vins blancs secs.

□ La conservation sous gaz inerte : pour éviter les risques d'oxydation et de piqûre acétique (la bactérie qui la provoque a besoin d'air), on isole systématiquement le vin de l'air qui peut pénétrer le haut des récipients. Un procédé récent se montre très efficace : on maintient à la surface du vin un gaz inerte, sans action sur ce vin. L'azote est le plus employé. Le gaz carbonique seul, trop soluble dans le vin, est déconseillé. Cette technique implique l'emploi de cuves inox hermétiques.

▬ Traitements avant mise en bouteilles

□ Une mise en bouteilles rapide : la plupart des blancs secs sont appréciés pour leurs arômes primaires (ceux du raisin) et leur fruité. Aussi les met-on rapidement en bouteilles, l'année qui suit la vendange.

□ Le collage : cette vieille technique de clarification consiste à ajouter au vin une colle qui précipite en entraînant les particules responsables de son aspect trouble.

□ Les filtrations : outre la filtration sur terre de préclarification, les blancs secs subissent souvent une filtration sur plaques : le vin traverse des plaques de plus en plus fines.

□ La stabilisation par le froid : comme le froid provoque la précipitation du tartre et des protéines en suspension, on l'utilise pour clarifier le vin et empêcher le dépôt de cristaux de tartre dans les bouteilles. Dans des cuves réfrigérantes, on refroidit le vin à − 5° environ, pendant dix à vingt jours. On filtre sur terre à − 3° 5 puis on réchauffe.

PRATIQUES DE L'ÉLEVAGE

■ L'importance des lies

Le mot « lie » a souvent une connotation péjorative. En réalité, les lies du vin blanc en sont un élément essentiel et leur redissolution paraît souvent nécessaire : elles enrichissent le vin en matières azotées et en arômes. En Bourgogne, les grands vins sont conservés en fût sur lies jusqu'à leur dissolution, activée par le bâtonnage (on brasse le liquide). En Champagne, les grands vins vieillissent longuement sur lies, en position horizontale, avant d'être remués — puis progressivement relevés à la verticale sur le goulot. Les échanges entre le vin et les lies confèrent au champagne sa finesse et son gras. Le fameux muscadet du pays nantais est souvent élevé sur lies.

■ Le muscadet sur lies

Le muscadet du Pays nantais peut être vinifié comme les autres blancs secs mais c'est la pratique ancestrale de la mise sur lie qui lui confère son originalité, son charme et sa qualité.
Dès le pressurage terminé, le moût est mis en cuve ou en fût sans débourbage préalable. Après la fermentation, le vin est laissé sur ses lies jusqu'à la mise en bouteilles après un seul hiver passé en cuve (le 30 juin au plus tard). Ni collage, ni soutirage, ni filtrations. Ces lies sont la « mère du vin ». En effet, les résidus de levures qu'elles contiennent absorbent l'oxygène, ce qui protège le vin de l'oxydation et lui conserve sa vivacité et son fruité. Le vin n'étant pas soutiré, il conserve une part de gaz carbonique dissous, ce qui lui donne son agréable « perlant ».
Cette méthode n'est possible que si la vendange est absolument saine. Aujourd'hui, elle est souvent modulée par un soutirage et une filtration avant la mise en bouteilles.

■ Les soutirages indésirables

Le charme des blancs secs vient de leur fraîcheur, de leur complexité aromatique, de leur fruité, toujours menacés par les phénomènes d'oxydation. Aussi l'élevage des blancs secs bannit-il les soutirages qui, aérant le vin, le mettent en contact avec l'oxygène.

■ Choisir la colle

Pour coller les blancs secs, on utilise surtout la colle de poisson (brillance du vin assurée), la caséine (contre la madérisation), la bentonite, argile floculable qui fixe les protéines du vin et les fait sédimenter.

■ L'élevage sous bois

L'élevage sous bois est souvent réservé à des vins qui ont subi la fermentation malolactique (c'est le cas des bourgognes) ou qui ont fermenté en barriques. Pour éviter les décoctions... de bois, il faut évidemment limiter l'usage du chêne neuf. Les vins élevés sous bois, des bourgognes aux crus des graves et aux alsaces grand cru, développent un bouquet complexe. On évite l'oxydation par la pratique des ouillages : on remplit avec du vin le léger vide qui se forme en haut du fût, dû à l'évaporation à travers le bois et aux variations de pression. Certains producteurs collent les vins mais ne les filtrent pas.

■ De la jarre au fût : l'antique retsina

De la résine de pin d'Alep dans le vin blanc ? Oui, c'est en Grèce, depuis l'Antiquité. Les Anciens enduisaient les jarres de résine pour mieux conserver les vins. Le procédé est à peu près inefficace mais les Grecs ont pris goût à ce type de vin, resté le plus populaire au pays de Dionysos. Les vins résinés d'aujourd'hui sont surtout des blancs issus du cépage savatiano, cultivé en Attique et dans le Péloponnèse. À déguster frais et très jeune.

DU RAISIN AU VIN
LES VINIFICATIONS
LES SPÉCIALITÉS
L'ÉLEVAGE
LES LIEUX
LE CHOIX

Le soutirage

Le vin, et surtout le vin rouge de garde, est soumis périodiquement à des soutirages, c'est-à-dire des transvasements d'un récipient vinaire à un autre. Les soutirages permettent d'évacuer le dépôt de particules au fond des cuves. L'oxygénation possible du vin lors de cette opération influence la couleur et les arômes.

La pratique du soutirage

Le soutirage consiste à sortir régulièrement le vin d'une cuve ou d'une barrique pour éliminer les particules déposées au fond des contenants et éventuellement aérer le vin. Le soutirage d'une cuve se pratique en ouvrant un robinet situé en bas de la cuve. Le vin est pompé vers une autre cuve, grâce à un tuyau. On contrôle visuellement que le dépôt ne passe pas avec le jus. Pour un soutirage avec aération, on écoule le vin dans un bac pour qu'il soit au contact de l'air puis le vin est transporté par un tuyau dans une autre cuve. Un soutirage sans aération suppose que le vin soit transféré directement d'un contenant à l'autre. Le viticulteur profite du soutirage pour laver cuves et barriques et réajuster la concentration en soufre de son vin.

Les bénéfices du soutirage pour le vin

☐ L'élimination des lies : les lies, particules qui précipitent au fond des cuves, sont formées de débris de raisin, de couleur précipitée, de tartre qui cristallise naturellement sous l'action du froid, de bactéries et de levures. Le maintien des lies au fond des cuves risque de transmettre des goûts désagréables au vin. Les levures et les bactéries peuvent provoquer des déviations aromatiques et un dégagement inopportun de gaz carbonique.
☐ L'aération éventuelle du vin a pour bénéfices attendus :
- une diminution de la concentration du gaz carbonique issu de la fermentation alcoolique ;
- un renforcement et une stabilisation de la couleur du vin rouge grâce à la formation de complexes tanins-anthocyanes ;
- une participation à la formation des arômes du bouquet. Ces arômes de vieillissement sont favorisés par l'alternance de phases d'oxydation, quand le vin est au contact de l'air, et de phases de réduction, quand le vin est à l'abri de l'air ;
- la suppression des odeurs de réduit. Ces odeurs rappelant l'œuf pourri tiennent à l'existence de composés soufrés formés par les levures et la décomposition des lies.
En barrique, le vin subit une oxygénation permanente du fait de la perméabilité du bois.

La périodicité des soutirages selon le types de vin

☐ Les vins rouges de garde subissent deux à rois soutirages avec aération pendant les trois premiers mois d'élevage pour élimine les particules et réduire la teneur en gaz carbonique. Ensuite les soutirages sont plus espacés : tous les deux à quatre mois pour les vins en cuve, tous les trois mois pour les vins en barrique.
☐ Les vins rouges primeurs ne subissent pas de soutirage à l'air pour ne pas réduire leur teneur élevée en gaz carbonique, base de leur originalité.
☐ Le soutirage des vins blancs implique des précautions particulières (pages 68 et 69).

MÉTHODES DE SOUTIRAGE

■ Soutirage des barriques

Soutirage au compresseur ou soufflet
Le vin est poussé d'une barrique à une autre grâce à une surpression d'air.

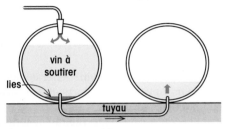

Soutirage par robinet
Le vin provenant d'une barrique s'écoule dans une cuvette. Le vin est ensuite pompé pour y être introduit dans une nouvelle barrique.

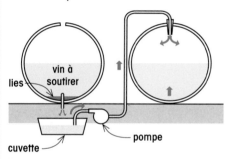

■ Soutirage des cuves

Soutirage à l'abri de l'air
ou soutirage sans aération.

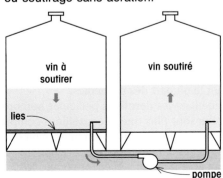

Soutirage par gravité
Le vin s'écoule uniquement par gravité.

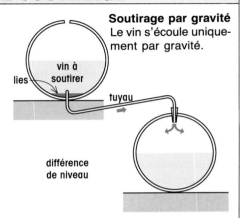

Soutirage par plongeur
Le vin est pompé à l'aide d'un plongeur. Une vis permet de régler la hauteur de l'aspiration mais avec mauvaise séparation des lies (remous dus à l'aspiration).

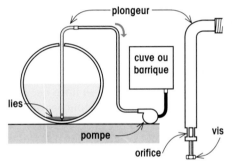

Soutirage à l'air
ou soutirage avec aération.

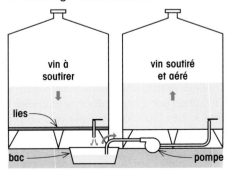

71

DU RAISIN AU VIN
LES VINIFICATIONS
LES SPÉCIALITÉS
L'ÉLEVAGE
LES LIEUX
LE CHOIX

La clarification

Débris de raisin, couleur instable, tartres, levures ou bactéries précipitent partiellement et lentement au fond des caves ou des barriques. Les techniques de collage et de filtration éliminent plus radicalement le trouble du vin et préviennent les risques de dépôts en bouteille.

▬▬▬ Le collage

☐ Le principe du collage : une substance appelée colle est ajoutée au vin. Généralement à base de protéine, elle s'agglomère au contact des tanins du vin avec les particules en suspension. Les flocons ainsi formés se déposent au fond de la cuve.

☐ Le choix de la colle : le type de colle varie suivant la couleur du vin, la rapidité d'action souhaitée, le respect plus ou moins grand envers la couleur et les tanins. Dans un souci de qualité, on préfère les colles à effet lent et doux. Mais des colles plus brutales peuvent assouplir des vins trop durs en supprimant les tanins en excès.

☐ La pratique du collage : la colle sous forme de poudre ou de liquide est dissoute le plus souvent dans l'eau puis mélangée au vin. Après respect d'un temps déterminé de précipitation, le vin clair est séparé des lies de colle par un soutirage : c'est la sortie de colle. Le collage est effectué de préférence l'hiver, car le froid favorise la précipitation des particules. Il est facilité par des contenants de faible hauteur comme les barriques.

▬▬▬ La filtration

Le vin passe au travers d'un filtre qui retient les particules en suspension. Les filtres à plaques, à membranes, à cartouches ont des couches filtrantes composées de cellulose de nylon, de polymères.

Le filtre à terre utilise une poudre d'algues microscopiques appelée terre de Kieselguhr que l'on ajoute au vin. Lorsque le vin traverse les supports filtrants, le Kieselguhr retenu à la surface du filtre empêche le passage des particules du vin. La couche filtrée s'accroît progressivement. Les filtres à tambour, les filtres-presse, les centrifugeuses sont d'usage moins répandu.

▬▬▬ Le choix de la méthode de clarification

Le protocole de clarification est très variable mais on associe souvent un collage et une filtration sur plaques avant la mise en bouteille.

Le collage assure une clarification douce en ôtant la plupart des particules.

La filtration sur plaque affine la limpidité en recueillant les dernières pellicules non précipitées. Les filtrations sur plaques trop poussées sont plus que déconseillées compte tenu d'un possible amaigrissement du vin avec perte de couleur et de tanins, éléments déterminants de la structure du vin. Le filtre à terre est surtout utilisé pour évacuer les lies trop volumineuses des vins de presse obtenus à partir du marc, ou encore pour filtrer le vin avant sa descente en barrique.

LES DIFFÉRENTES COLLES

Type de colle	Nature du vin traité	Temps de précipitation	Remarques
Albumine d'œuf	Vins rouges	45 jours	Elle est extraite directement d'œufs frais ou se présente sous forme de poudre ou de liquide. C'est la colle la plus adaptée aux vins fins.
Gélatine	Vins rouges	8 jours	Elle diminue la rugosité des tanins des vins de presse. Elle est déconseillée pour les vins fins du fait d'un risque d'amaigrissement du vin.
Albumine de sang animal	Vins blancs Vins rouges	8 jours	Elle est bien adaptée aux vins blancs, mais peut entraîner une décoloration des vins rouges.
Colle de poisson	Vins blancs en barrique	45 jours	C'est la colle des grands vins blancs de garde.
Caséine	Vins blancs	8 jours	Elle est très efficace sur les vins blancs. Elle décolore des vins trop teintés et réduit les mauvaises odeurs.
Bentonite	Vins blancs	8 jours	Elle est souvent associée à d'autres colles. Elle précipite les protéines du vin.

■ Le collage traditionnel à l'œuf frais

Ce collage est encore utilisé dans les grands crus pour les vins élevés en barrique. Après avoir cassé des œufs frais, on sépare les blancs des jaunes. Seuls les blancs, qui sont riches en albumine, sont conservés. Battus sans être montés en neige, les blancs d'œuf sont introduits dans la barrique et homogénéisés avec le vin. Après quarante cinq jours de repos, on sépare le vin clarifié des particules précipitées lors d'un soutirage. Cette technique est onéreuse car cinq à huit œufs sont nécessaires pour chaque barrique et la main-d'œuvre requise est importante. Ce collage traditionnel est de plus en plus remplacé par l'utilisation d'albumine d'œuf desséchée sous forme de poudre, aux mêmes propriétés.

DU RAISIN AU VIN
LES VINIFICATIONS
LES SPÉCIALITÉS
L'ÉLEVAGE
LES LIEUX
LE CHOIX

La stabilisation du vin

Des altérations du vin dues à la présence de levures et de bactéries et des dépôts de tartre peuvent survenir lors du séjour du vin en bouteille. Pour les prévenir, le vinificateur peut décider avant la mise en bouteille d'opérer une stabilisation microbiologique et tartrique.

▬▬▬ La stabilisation microbiologique

La stabilisation microbiologique tend à réduire ou supprimer la flore microbienne présente naturellement dans le vin pour empêcher certaines bactéries ou levures de provoquer d'éventuels désordres biologiques en bouteille : dégagement de gaz carbonique et pétillement anormal, altérations des arômes, formation d'acide acétique autrement dit des goûts de vinaigre dans le vin. La stabilisation répond d'autre part aux normes de certains pays qui, comme les États-Unis et le Japon, exigent des vins pauvres en germes.
□ La filtration stérile assure l'appauvrissement du vin en germes grâce à un filtre, généralement à membranes, qui retient la majorité des micro-organismes. La tâche est complexe : tous les éléments en contact avec le vin doivent être stériles, cuve, tuyaux, matériel d'embouteillage, bouteille et bouchon. Ce traitement sur le vin s'effectue au détriment de l'intensité de la couleur.
□ La pasteurisation détruit les micro-organismes par chauffage du vin quelques secondes à 80°, quelques minutes à 65°. Cette opération est pratiquée en cuve immédiatement avant l'embouteillage ou sur des bouteilles pleines à l'intérieur d'un tunnel chauffé. Outre l'inconvénient d'une stérilisation de tout le matériel, la pasteurisation nuit à la qualité organoleptique du vin (oxydation, altération de sa couleur). La pasteurisation est réservée aux vins de table ou à certains vins moelleux pour empêcher une refermentation des sucres résiduels.

▬▬▬ La stabilisation tartrique

Des cristaux de tartre se forment naturellement au fond des cuves au cours de l'hiver par cristallisation de l'acide tartrique du raisin sous l'action du froid. Ils ne nuisent en rien à la qualité du vin. Mais ce dépôt peut survenir plus tardivement, en bouteille, lors d'une exposition au froid. Des préjugés tenaces interprètent alors souvent la présence de ces cristaux comme la preuve d'un ajout frauduleux de sucre dans le vin. Pour l'éviter, on provoque délibérément, par le froid, le phénomène en cuve avant l'embouteillage.
□ Le traitement par stabulation : la cristallisation est obtenue en descendant la température du vin 2° au-dessus de son point de congélation pendant quelques jours. Les cristaux de tartre formés sont éliminés par filtration.
□ Le traitement par ensemencement : pour accélérer le processus, on peut ajouter au vin de petits cristaux de tartre qui favorisent la cristallisation. Dans le cas d'un traitement par contact, le vin refroidi est placé dans une cuve en présence de cristaux de tartre. Après une précipitation rapide, le vin est filtré. Dans le cas d'un traitement en continu, la précipitation du tartre est instantanée lorsque le vin réfrigéré traverse une couche de cristaux de tartre naissant.

■ Les procédés de stabilisation tartrique

Stabulation à froid

Le vin réfrigéré est laissé quelques jours à 2° au-dessus du point de congélation du vin. Le vin est ensuite filtré à froid.

> **Point de congélation**
> Il est égal au degré alcoolique divisé par deux et situé au-dessous de 0°.
> Exemple : un vin de 12° congèle à − 6°.

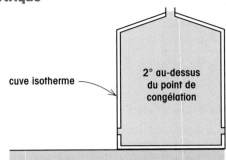

cuve isotherme

2° au-dessus du point de congélation

Traitement par contact

Le vin réfrigéré à 0°, additionné de bitartrate de potassium en cristaux, est agité par pompage quelques heures. Au contact de ces cristaux, le bitartrate de potassium en excès dans le vin se cristallise. Puis l'agitation est arrêtée, les cristaux précipitent, le vin est filtré.

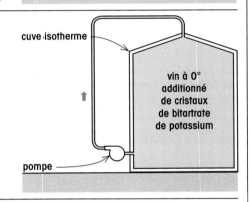

cuve isotherme

vin à 0° additionné de cristaux de bitartrate de potassium

pompe

Traitement continu

Le vin réfrigéré au point de congélation pénètre au bas de la cuve. Le bitartrate de potassium du vin, au contact des cristaux, se cristallise. Plus lourds que le vin, ces cristaux tombent au fond de la cuve. Le vin est récupéré en haut de la cuve puis filtré. Les cristaux sont éliminés au bas de la cuve.

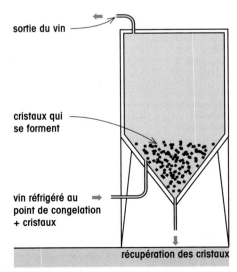

sortie du vin

cristaux qui se forment

vin réfrigéré au point de congélation + cristaux

récupération des cristaux

DU RAISIN AU VIN

LES VINIFICATIONS

LES SPÉCIALITÉS

L'ÉLEVAGE

LES LIEUX

LE CHOIX

Les désordres biologiques

Les désordres biologiques sont des maladies qui altèrent les caractères aromatiques, gustatifs et la présentation du vin. Les techniques œnologiques actuelles raréfient ces accidents.

Les déviations bactériennes

☐ La piqûre acétique : la piqûre acétique est encore appelée la maladie de l'aigre ou la maladie de l'acescence. Des bactéries acétiques oxydent l'alcool du vin et conduisent à la formation d'acide acétique. La réaction entre les deux composés alcool et acide acétique forme de l'acétate d'éthyle. L'acide acétique altère le vin par son aigreur ; on mesure sa teneur dans le vin par une analyse chimique de l'acidité volatile. Une limite légale fixe à 0,88 g par litre l'acidité volatile maximale autorisée dans un vin blanc et à 0,98 g par litre l'acidité volatile maximale d'un vin rouge. L'acétate d'éthyle déprécie le vin par son odeur et son âpreté et ce caractère acescent qui rappelle le vinaigre. Pour éviter le développement de bactéries acétiques, il faut préserver le vin du contact avec l'air et nettoyer proprement le matériel vinaire.

☐ Les autres déviations bactériennes : maladies de la tourne, de la mannite, etc.

Les déviations levuriennes

Levure incriminée	Description	Conséquence sur le vin	Moyen de prévention
Hansenula et Pichia	Elles se développent à la surface du vin et produisent de l'acétate d'éthyle, composant du vinaigre.	Odeur de vin « piqué ».	Ouiller les cuves et les barriques, c'est-à-dire les remplir totalement.
Saccharomycodes ludwigii	Elles produisent beaucoup d'acétate d'éthyle. C'est une maladie des vins liquoreux.	Odeur de vin piqué. Formations granuleuses dans la bouteille qui libèrent du gaz carbonique.	Respecter une bonne hygiène du chai. Le soufre est inefficace.
Schyzosaccharomyces	Elles provoquent une refermentation des vins liquoreux en bouteille.	Dégradation des sucres résiduels. Dégagement de gaz carbonique d'où un pétillement désagréable.	Respecter une bonne hygiène du chai. Le soufre est inefficace.
Brettanomyces vini	Elles forment de l'acétate d'éthyle et des acides gras en bouteille.	Formation d'odeurs désagréables et notamment d'acétamide ou « odeur de souris ».	Respecter une bonne hygiène de chai.
Candida vini	Maladie de la « fleur ». Les levures forment un voile à la surface du vin.	Dégradation des acides et de l'alcool en éthanal, qui provoque le goût d'évent.	Conserver le vin à l'abri de l'air

LES DÉVIATIONS BACTÉRIENNES

Nom de la maladie	Origine de la maladie	Symptômes dans le vin	Moyen de prévention
Maladie de la tourne ou de la pousse	Des bactéries dégradent l'acide tartrique du raisin en acide acétique et propionique. Il y a dégagement de gaz carbonique.	Le vin présente des filaments bactériens. L'acidité acétique rend le vin aigre. Sous la pression du gaz carbonique, les bouchons peuvent sortir.	Éviter les températures élevées au cours de la fermentation alcoolique et de la conservation. Maintenir la concentration en soufre.
Maladie de la mannite ou piqûre lactique	Des bactéries dégradent le glucose en acide acétique, responsable d'aigreur et le levulose en mannitol d'une douceur désagréable.	Le vin paraît paradoxalement à la fois doux et aigre. Un arrêt de fermentation favorise ces bactéries.	Éviter l'élévation de la température du jus à plus de 38 degrés au cours de la fermentation.
Maladie de l'amer	Le glycérol du vin est dégradé par des bactéries en composés amers. L'acide tartrique naturel du raisin est transformé en acide acétique aigre et en acide butyrique désagréable.	L'amertume dans le vin est prononcée. La couleur est altérée.	Ajouter du soufre.
Fermentation malolactique en bouteille	Cette fermentation peut se dérouler tardivement en bouteille et non en cuve. Elle provoque un dégagement de gaz carbonique.	Un pétillement du vin survient accidentellement.	Ajouter et maintenir la concentration en soufre des vins n'ayant pas réalisé la fermentation malolactique.
Maladie de la graisse	Des mucilages, éléments visqueux, se forment à partir des sucres résiduels.	Le vin devient huileux et visqueux.	Prévenir grâce à l'ajout de soufre. Corriger l'accident par une agitation violente du vin.
Piqûre acétique	Les bactéries acétiques oxydent l'alcool et forment de l'acide acétique et de l'acétate d'éthyle.	Le vin est aigre. Le caractère acescent de l'acétate d'éthyle rappelle le vinaigre.	Préserver le vin de l'air et nettoyer parfaitement les cuves, les tuyaux, pompes, etc.

DU RAISIN AU VIN

LES VINIFICATIONS

LES SPÉCIALITÉS

L'ÉLEVAGE

LES LIEUX

LE CHOIX

Les désordres chimiques

Au cours de leur élaboration ou de leur vieillissement, les vins peuvent souffrir d'altérations de leur aspect et de leurs arômes. Ces troubles sont de nature chimique et sont dus à des phénomènes de casse ou d'oxydation du vin. Les progrès de l'œnologie ont considérablement réduit ces accidents.

Les casses

Type	Nature du trouble	Origine	Remèdes
La casse oxydasique	Le vin blanc jaunit puis brunit et présente parfois un dépôt. Le vin rouge se trouble et prend une couleur « chocolat ». Un dépôt se forme et le vin devient incolore.	Deux enzymes du raisin sont responsables de la destruction de la matière colorante : — la tyrosinase (Raisin sain) — la Laccase (Raisin pourri)	L'apport de soufre dans la vendange suffit à détruire la tyrosinase. La laccase est plus résistante : le soufre inhibe son action mais sans détruire l'enzyme.
La casse protéique	Le vin blanc se trouble. (Cet accident n'existe pas pour les vins rouges)	Elle est provoquée par l'insolubilité des protéines naturelles du vin.	Les protéines sont éliminées par collage du moût, chauffage du vin ou ajout de tanins.
La casse cuivrique	Des flocons rouges apparaissent en bouteille et forment un dépôt brun rouge.	Cette précipitation de sulfate de cuivre s'explique par un excès de cuivre dans le vin.	Les excès de cuivre sont précipités par du ferrocyanure ou du sulfure de sodium.
Les casses ferriques : — casse blanche — casse bleutée ou noire	Le vin blanc se trouble : dépôt blanc bleuté. Le vin blanc noircit. Le vin rouge présente un dépôt bleuté au fond de la bouteille.	Le trouble provient de la présence dans le vin d'un excès de fer lors du contact avec le matériel : agrafes, cuves métalliques ou en ciment au revêtement altéré.	L'excès de fer est éliminé par précipitation avec du ferrocyanure de potassium (vin blanc) et du phytate de calcium (vin rouge). La gomme arabique prévient la précipitation du fer.

L'oxydation des vins

L'oxydation	Teinte tuilée (vins rouges) ou jaune d'or (vins blancs). Apparition d'éthanal (goût d'évent) et d'odeur de vins madérisés.	Excès d'oxygénation du vin. Les vins pauvres en tanins y sont plus sensibles.	Limiter les aérations. Contrôler la concentration en soufre pour neutraliser l'éthanal. La caséine diminue les odeurs de madérisé.

LES ODEURS DÉSAGRÉABLES DANS LE VIN

Odeurs décelées	Origine de l'odeur	Moyens de prévention
Odeur d'œuf pourri	Apparition de dérivés soufrés en milieu non aéré. En bouteille cet accident appelé « goût de lumière » est favorisé par une exposition excessive à la lumière.	L'odeur est éliminée par aération du vin renforcée par un passage sur cuivre. Les bouteilles foncées et stockées à l'abri de la lumière limitent les goûts de lumière.
Odeur de moisi, de pourri	— Raisins altérés par la présence de champignons lors de maladies : pourriture, oïdium, mildiou. — Fût mal entretenu. — Chai humide.	— Assurer un bon état sanitaire de la vendange par des traitements appropriés. — Entretenir correctement les barriques. — Résoudre les problèmes d'humidité dans les locaux.
Odeur iodée	Maladies de la vigne : oïdium, mildiou.	Veiller au bon état sanitaire de la vendange.
Odeur de bouchon	Des moisissures se développement dans les bouteilles qui fuient. Le bouchon est rarement impliqué.	Éviter les bouteilles couleuses par un parfait bouchage.
Odeur de papier	Transmission d'odeurs par des plaques en cellulose équipant certains filtres.	Rincer soigneusement les plaques à l'eau avant la filtration du vin.
Odeur de graisse, huile, gazoil	Contamination de l'outillage et notamment des machines à vendanger. Le raisin est très sensible à la moindre présence d'hydrocarbure.	— Éliminer toute récolte souillée par du gas-oil ou de la graisse. — Utiliser de la graisse alimentaire pour le matériel en contact avec le jus de raisin et le vin.
Odeur de solvant	— Diffusion par la peinture assurant le revêtement intérieur des cuves. — Diffusion par le styrène solvant à odeur prononcée provenant de certaines cuves polyester.	— Utiliser des peintures alimentaires. — S'équiper de cuves en polyester de bonne qualité sans styrène résiduel.
Odeur d'herbe	Oxydation de l'hexanal, substance herbacée contenue dans les rafles et les pétioles.	Vendanger le raisin à maturité et éviter la trituration de la vendange.
Odeur de géranium	Dégradation de l'acide sorbique par des bactéries. L'acide sorbique est un antilevurien ajouté au vin riche en sucres pour assurer leur stabilité.	Ne pas utiliser l'acide sorbique seul, l'associer à du soufre.

DU RAISIN AU VIN

LES VINIFICATIONS

LES SPÉCIALITÉS

L'ÉLEVAGE

LES LIEUX

LE CHOIX

La barrique I

La barrique est construite de façon artisanale. Elle exige du tonnelier un savoir-faire rigoureux. Chacune des phases de fabrication, choix du bois, du mode de séchage, de la durée et de l'intensité de la chauffe, participe à la qualité de la barrique et intervient sur la qualité du vin.

■■■■ La matière première : des arbres centenaires

Le chêne est l'essence la plus adaptée à la fabrication des barriques. Il apporte des arômes agréables et intenses et renforce par ses tanins, substances contenues dans l'écorce du chêne, la structure du vin. Le châtaignier est rarement utilisé : ses tanins, plus grossiers, ne peuvent rivaliser avec ceux du chêne. Les tonneliers sélectionnent les chênes dans les forêts du centre de la France, du Limousin, de Bourgogne, des Vosges et du Jura. Les meilleures barriques, recherchées pour les vins fins, sont fabriquées à partir des chênes du centre de la France, souvent âgés de plus de deux cents ans.

■■■■ La fabrication : le travail minutieux du tonnelier

☐ Le débitage : les troncs de chêne sont abattus puis débités en billes. Ces billes sont fendues dans le fil du bois pour obtenir des lames. On préconise de fendre le bois plutôt que de le scier car le sciage provoquerait des apports de tanins trop grossiers dans le vin et des problèmes d'étanchéité de la barrique.

☐ Le séchage : les lames sont empilées en plein air pour y sécher deux ans au minimum. Ce séchage à l'air libre permet d'extraire toute l'humidité du bois et d'améliorer ses qualités aromatiques par le développement de moisissures dégradant certains composés amers du bois. Le séchage à l'étuve, en quelques mois, est moins onéreux mais ne permet malheureusement pas la décomposition de l'amertume du bois.

☐ Le façonnage : les lames sont taillées en douelles, planches qui composent la barrique. Les douelles sont disposées en couronne au-dessus d'un feu pour recevoir leur courbure définitive. Le cerclage termine la mise en forme en maintenant les douelles par des cercles d'acier. Les douelles ne sont ni clouées, ni collées, juste cerclées, et la barrique sera pourtant étanche.

☐ La chauffe : la barrique, dépourvue de fond, est le plus souvent disposée de nouveau au-dessus d'un feu pour le brûlage intérieur des douelles. Objectif : moduler la nature aromatique et tanique du chêne, en jouant sur la durée et l'intensité de la chauffe.
Les arômes de brûlé et de caramel issus de la dégradation de la lignine et de la cellulose du bois s'exhalent davantage dans des chauffes moyennes d'une vingtaine de minutes. Pour les vins blancs, certains préfèrent des barriques peu chauffées qui préservent le méthylotalactone, arôme de noix de coco, et les tanins du chêne, éléments que l'on recherche dans ces vins.

☐ La préparation des barriques : avant son emploi dans le chai, on verse quelques litres d'eau dans la barrique pendant 24 h. Les douelles se gonflent, la barrique est étanche et peut recevoir le vin.

LA FABRICATION DES BARRIQUES

1. Débitage des lames
Les billes de bois sont fendues.

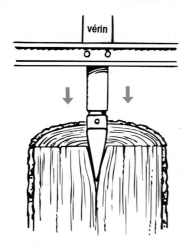

vérin

2. Mise en rose, courbure à l'aide d'un feu et cerclage

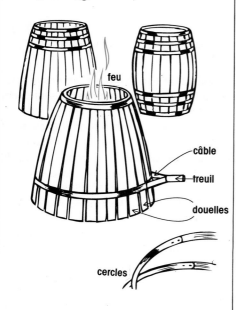

feu

câble

treuil

douelles

cercles

3. Chauffe des barriques
Ce second passage au feu exhale les arômes du bois.

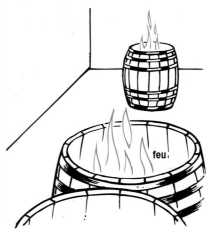

feu

4. Mise en place des fonds

La barrique II

Autrefois la barrique représentait le plus adapté des modes de conservation et de transport du vin. Progressivement, elle disparaît au profit de la conservation en cuve plus économique. Toutefois, depuis deux décennies, on observe un regain pour l'élevage en barrique avec un nouvel objectif: exploiter son action de bonification.

La bonification du vin en barrique

☐ Une oxygénation lente: la perméabilité du bois assure une oxygénation lente, faible mais constante du vin, favorable au bouquet du vin, c'est-à-dire à l'expression des arômes de vieillissement. Dans les cuves, le vin est à l'abri de l'air. Périodiquement on sort le vin de la cuve, lors d'un soutirage, pour le soumettre à une aération mais l'oxygénation est trop rapide et violente pour valoriser aussi pleinement le bouquet du vin.

☐ Le renforcement des tanins et l'apport de nouveaux arômes: les barriques sont fabriquées dans du bois de chêne riche en tanins, qui sont lentement libérés dans le vin et s'ajoutent à ceux du raisin. Ce renforcement tannique accroît la structure du vin. Le bois contient aussi des arômes qu'il transmet au vin: les arômes de bois, de brûlé, de caramel et, surtout, de vanille caractérisent le nez des vins élevés sous bois.

☐ L'élevage en barrique est particulièrement adapté aux vins rouges de garde, destinés à vieillir avant d'être dégustés. Certains vins blancs de garde supportent un passage en barrique, privilégiant alors plutôt les arômes de vieillissement que les arômes initiaux de fruit. Les tanins du bois renforcent la structure de ces vins et les aident à supporter le vieillissement. Parfois, pour réduire l'acidité des vins blancs qui s'accommoderait mal des tanins, on favorise la désacidification naturelle par la fermentation malolactique.

L'élevage en barrique

☐ La durée de l'élevage en barrique est habituellement de 10 à 18 mois. Pour des raisons économiques ou pour éviter à un vin léger un caractère trop boisé, une partie seulement de la production peut être élevée en barrique.

☐ La descente en barrique: le vin est généralement mis en barrique à partir de janvier. Les fermentations sont alors achevées. Lorsque la barrique est pleine, le viticulteur peut la coucher bonde de côté. La barrique peut rester bonde dessus mais, chaque semaine, la perte de volume par évaporation doit être compensée par un ouillage ou remise à niveau. L'emploi de bondes en silicones le rend inutile.

☐ Le soutirage de la barrique: le vin est sorti de la barrique tous les trois mois. Le soutirage permet de retirer les dépôts qui lui donneraient de mauvaises odeurs et de la laver. Lors du soutirage, on réajuste la concentration du vin en soufre par brûlage d'une mèche ou d'une pastille, par ajout d'une solution sulfureuse ou de comprimés effervescents. Ainsi le vin est protégé contre les oxydations et les bactéries.

☐ Le renouvellement des barriques: les échanges de tanins et d'arômes dans la barrique n'excèdent pas trois ans. Optimaux la première année, ils régressent ensuite et, au-delà de quatre ans, le seul bénéfice réside en une oxygénation lente du vin. Trop vieille, la barrique risquerait même de transmettre au vin de mauvais goûts.

L'ÉLEVAGE EN BARRIQUE

■ Schéma de la barrique

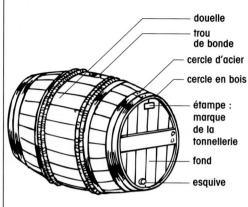

- douelle
- trou de bonde
- cercle d'acier
- cercle en bois
- étampe : marque de la tonnellerie
- fond
- esquive

■ Types de barriques bordelaises

Il existe deux types suivant la nature des cercles :

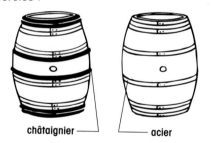

châtaignier — — acier

■ Position des barriques lors de l'élevage

Il y a deux positions possibles.

- bonde de côté
- bonde dessus

■ La contenance des barriques varie suivant les régions

Régions	Dénomination	Contenance
Bordeaux Sud-Ouest	barrique	225 litres
Bourgogne	pièce	228 litres

■ Pour ou contre l'élevage en barrique

Face à l'engouement récent pour l'élevage en fût, certains spécialistes s'interrogent sur le bien-fondé de cette extension, excessive à leur goût car elle rendrait les vins uniformes et atypiques. Pourquoi vouloir réserver l'utilisation du passage sous bois aux seuls grands crus alors qu'il améliore souvent la qualité gustative des vins ?

Pour éviter de conforter les arguments de ces détracteurs, le viticulteur veillera à ne pas masquer la typicité de son vin par une domination excessive du bois qui risquerait de le transformer en décoction de chêne ! Pour cela la durée de l'élevage doit être mesurée selon la structure du vin : plus le vin est léger, plus le vieillissement en fût devra être court.

Actuellement, de nombreux viticulteurs, dans un souci de qualité, élèvent intelligemment leur vin en barrique malgré un coût économique élevé : prix de la barrique à l'achat, environ trois mille francs, nécessité d'une main-d'œuvre importante, perte de vin par l'absorption et l'évaporation (5 % par an).

DU RAISIN AU VIN
LES VINIFICATIONS
LES SPÉCIALITÉS
L'ÉLEVAGE
LES LIEUX
LE CHOIX

La mise en bouteille

> La bouteille est le conditionnement le plus efficace pour la conser-
> vation et la protection des vins. Trois opérations sont effectuées.
> Le tirage assure le remplissage de la bouteille. Le bouchage clôt
> hermétiquement la bouteille. L'habillage comprend le capsulage
> et l'étiquetage.

Le tirage : remplissage de la bouteille

☐ La préparation du vin : on réajuste sa concentration en soufre pour lui assurer, en bouteille, une meilleure conservation. On le filtre, généralement sur plaques, pour obtenir
une limpidité satisfaisante en éliminant les particules en suspension.

☐ La tireuse mécanique, machine assurant le remplissage, est équipée d'un ou plusieurs
becs qui assurent un volume et un niveau constants du vin.

☐ Il faut s'assurer de l'existence d'un espace suffisant entre le bouchon et le vin, pour
permettre la dilatation du vin lors d'un éventuel réchauffement et éviter la sortie du bouchon par surpression.

Le bouchage : fermeture de la bouteille

☐ La fabrication du bouchon : la majeure partie des bouteilles sont équipées de bouchon
de liège à l'exception des bouchons à vis et des capsules destinées au vin de table. Les
plaques de liège qui forment la matière première proviennent de chênes-lièges cultivés
principalement en Espagne, Portugal et Sardaigne. Elles sont séchées, un an au moins,
puis ébouillantées pour réduire la teneur en tanins et leur donner une meilleure élasti-
cité. Les bouchons sont alors façonnés, blanchis puis souvent recolorés.

☐ La qualité des bouchons : les meilleurs bouchons sont bruts et présentent des lenticelles — petits trous — disposées régulièrement. D'autres types de bouchons sont de
moindre qualité car leurs lenticelles trop volumineuses sont colmatées avec de la poudre
de liège. Les bouchons agglomérés composés de débris de liège que l'on colle ensemble
sont de piètre qualité. La taille des bouchons varie de 30 à 54 mm. Un bouchon long ne vaut
que pour son esthétisme, car seuls les deux premiers centimètres assurent l'étanchéité.

☐ La boucheuse presse le bouchon puis un piston le met en place dans le goulot. Il est possible d'introduire du gaz carbonique ou de faire le vide pour éviter une surpression d'air
consécutive à la rentrée du bouchon, et à sa remontée. Après le bouchage, il convient
d'attendre cinq minutes au moins avant de coucher la bouteille.

L'habillage : le capsulage et l'étiquetage

Les bouteilles peuvent être immédiatement habillées, c'est-à-dire capsulées et étiquetées,
ou stockées nues en box-palettes pour éviter l'altération des étiquettes.

☐ Le capsulage : la capsule en plastique, en étain, en aluminium ou en plomb (dorénavant
interdit), est sertie à l'aide d'une capsuleuse.

☐ L'étiquetage est généralement effectué par une étiqueteuse mécanique. Les étiquettes
sont fixées sur la bouteille avec de la colle ou se présentent sous une forme autocollante.

MISE EN BOUTEILLES ET BOUCHONS

Tirage, bouchage, étiquetage sont souvent réalisés sur des chaînes de mise en bouteille qui intègrent les différentes fonctions. La cadence varie généralement entre 2 000 et 10 000 bouteilles par heure.

■ Le bouchon

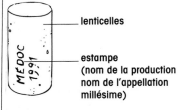

plaque de liège

lenticelles

estampe
(nom de la production
nom de l'appellation
millésime)

MEDOC 1991

liège

arbre mis à nu

■ La boucheuse

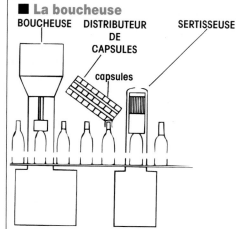

BOUCHEUSE DISTRIBUTEUR
DE
CAPSULES

SERTISSEUSE

capsules

■ L'étiqueteuse

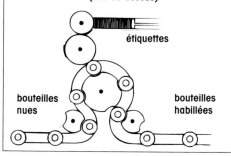

(vue de dessus)

étiquettes

bouteilles
nues

bouteilles
habillées

■ Bouteilles couleuses et goût de bouchon

Lors du stockage, les bouteilles doivent être couchées pour permettre au bouchon d'être toujours humidifié. Cette humidification assure normalement l'étanchéité de la bouteille. Malheureusement il arrive que du vin s'échappe par le bouchon. Plusieurs facteurs peuvent rendre les bouteilles couleuses :
— le remplissage excessif de la bouteille,
— l'écrasement du bouchon lors du bouchage créant des canaux de migration,
— l'utilisation de liège poreux ou mal colmaté.
La conséquence est non seulement une perte de vin mais surtout une pénétration d'oxygène et un développement de moisissures. Celles-ci sont les principales responsables de la formation du défaut gustatif appelé goût de bouchon. Ainsi, contrairement aux idées reçues, ce sont rarement les constituants du bouchon qui confèrent au vin ce mauvais goût.

85

DU RAISIN AU VIN

LES VINIFICATIONS

LES SPÉCIALITÉS

L'ÉLEVAGE

LES LIEUX

LE CHOIX

L'Alsace

À 93 %, les alsaces sont des vins blancs produits sur une bande de terrain de 120 km de long et de 4 de large, dans les départements du Bas-Rhin et du Haut-Rhin, entre Thann, au sud, et Marlenheim au nord (14 400 ha de vignobles). Les alsaces sont surtout des vins de cépage, ce qui n'exclut pas la notion de cru.

Les terroirs alsaciens : unité et diversité

☐ Un climat semi-continental. Établi sur les collines sous-vosgiennes et protégé des pluies par l'écran des Vosges, le vignoble bénéficie d'un climat semi-continental sec : 500 à 700 mm de précipitations, printemps réchauffé par le foehn (débourrement facilité), belle arrière-saison. Microclimats dus à l'altitude (de 200 à 380 m) et aux expositions.

☐ Des sols très variés. Le massif ancien qui réunissait les Vosges et la Forêt Noire s'est effondré au tertiaire pour donner la plaine du Rhin. La vigne occupe une zone faillée surplombant cette plaine. Les sols, très divers, y correspondent aux différentes ères géologiques : grès, sables, granites, schistes, calcaires et marnes voisinent.

Les cépages et les vins

☐ Les quatre grands (80 % des vins) : le sylvaner, plant rustique et productif, donne des vins simples et vifs ; le pinot blanc, ou klevner, produit des vins simples, souples et fruités ; le riesling, cépage noble, enfante des vins racés de longue garde, vifs, fruités et parfumés ; le gewurztraminer, autre plant noble, offre des vins corsés au bouquet musqué et épicé très spécifique, aptes au vieillissement.

☐ Les vins blancs de tokay-pinot gris sont opulents, fruités, bouquetés, de longue garde. Muscat ottonel et muscat de Frontignan donnent des vins musqués et fruités. Le pinot noir, en extension (7 % du vignoble), est vinifié en rouge et en rosé.

Les AOC d'Alsace

☐ AOC d'Alsace (11 500 ha) : appellation unique, les différenciations se faisant par les cépages. Rendement maximum : 100 hl/ha. L'edelzwicker est un vin facile, assemblage de plusieurs cépages.

☐ AOC Alsace Grand cru (2 500 ha). 50 lieux-dits sont classés en crus (47 communes sont concernées). Cépages retenus : riesling, gewurztraminer, pinot gris, muscat. Rendement : 70 hl/ha. Vins de classe, marqués par le terroir.

Le crémant d'Alsace est un effervescent de méthode champenoise (pinots, chardonnay, auxerrois).

Vendanges tardives et sélection de grains nobles

☐ Des raisins surmûris. Pour ces deux mentions, quatre cépages sont retenus : riesling, gewurztraminer, tokay, muscat. Les raisins doivent être surmûris par dessication naturelle sur pied ou l'action du *botrytis*, minuscule champignon (« pourriture noble »).

☐ Une législation stricte. Contrôle de la richesse des moûts, ajout de sucre interdit, examens d'agréage. Dans la pratique, les raisins de VT, surmûris, sont vendangés en une fois après les premières gelées, ceux de SGN, « pourris nobles », par tries successives.

☐ Des vins somptueux : remarquable qualité, longévité étonnante.

LES LIEUX ET LES VINS

■ Le vignoble alsacien

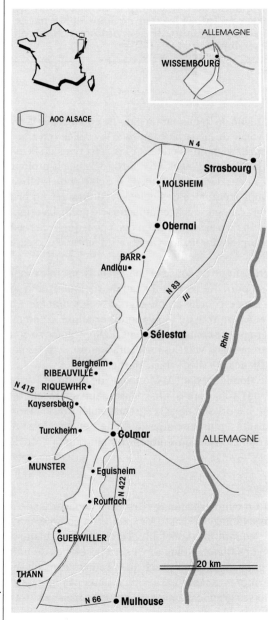

■ Historique

Le vignoble alsacien fut créé au IIIe siècle ap. J.C. Beau développement au Moyen Age grâce à l'action de l'Église, des monastères et des communautés villageoises : par le Rhin, les vins s'exportent vers les pays du Nord. Après l'apogée du XVIe siècle, la guerre de Trente Ans ruine le vignoble au XVIIe siècle. Reconstitution aux XVIIIe et au XIXe siècles mais, surtout après l'annexion à la Prusse (1871) et le phylloxéra, la politique de la quantité prime. Après 1918, les hybrides producteurs directs sont progressivement remplacés par les cépages nobles.
Aujourd'hui, la qualité triomphe, consacrée par les AOC (Alsace en 1962, Alsace Grand Cru en 1975, Crémant en 1976) et les mentions (Vendanges tardives, Sélection de grains nobles).

■ Les vins de Lorraine

Ruiné par le phylloxéra et la guerre de 14-18, le vignoble lorrain a connu une timide renaissance dans les années 50. Il couvre une centaine d'hectares que se partagent l'AOC Côtes de Toul et le VDQS Moselle. Les vins des Côtes de Toul sont blancs (auxerrois), rouges (pinot) ou rosés (les fameux « gris », obtenus par pressurage direct du gamay et d'un peu de pinot). Les Moselle sont blancs (auxerrois, müller thurgau), « gris » (pinot + gamay) ou rouges (pinot).

DU RAISIN AU VIN
LES VINIFICATIONS
LES SPÉCIALITÉS
L'ÉLEVAGE
LES LIEUX
LE CHOIX

La Champagne

Le vignoble champenois, d'une surface plantée de 31 000 ha, s'étend sur les départements de la Marne (plus de 20 000 ha), de l'Aisne, de l'Aube et sur un infime secteur de Seine-et-Marne. Le champagne, vin effervescent inimitable et mythique, connaît en fait de nombreuses versions.

Le vignoble champenois

☐ Les quatre zones productrices : la Montagne de Reims est un pays de coteaux sur la rive gauche de la Vesle, affluent de l'Aisne. La vallée de la Marne comprend la « vallée » en amont de Hautvillers et la « grande vallée » en aval. Le vignoble s'étale sur les deux rives du fleuve. Au sud d'Épernay, jusqu'à Vertus, s'étend la Côte des Blancs. La Côte de Sézanne la prolonge au sud. Dans l'Aube, les vignes sont implantées sur les coteaux de la Seine et de l'Aube.

☐ Un climat difficile, septentrional, d'où la fréquence des gelées, redoutables au printemps. En été, on craint la violence des orages, parfois accompagnés de grêle. La température moyenne annuelle ne dépasse pas 10°5 : c'est la limite en deçà de laquelle le raisin ne mûrit guère. Toutefois, la présence de grandes forêts, les variations d'altitude et d'exposition créent des microclimats favorables.

☐ Miracles de la craie : constituant caractéristique du sous-sol champenois, la craie assure la régulation hydrique : par temps sec, sa porosité permet à l'eau de remonter pour alimenter les racines concentrées dans la mince couche arable et, par temps humide, elle « éponge » les excès d'eau. Elle assume aussi un rôle de régulation thermique, en emmagasinant la chaleur pour la nuit et réverbérant les rayons sur les ceps. Enfin, comme sa composition minérale confère délicatesse et arômes aux vins, les meilleurs terroirs sont les plus crayeux : Montagne de Reims, Côte des Blancs, « Vallée » de la Marne.

☐ Les cépages champenois : le pinot noir, dominant dans la Montagne de Reims et l'Aube, constitue 36 % de l'encépagement. Ses vins sont corsés, charpentés, aptes au vieillissement. Le pinot meunier, autre cépage noir, majoritaire dans la « grande vallée » de la Marne, enfante des vins plus souples, ronds et fruités, plus rustiques (30 % de l'encépagement). Le chardonnay, grand cépage blanc, occupe 26 % de l'ensemble et domine sur la Côte des Blancs. Il apporte la vivacité, la finesse, l'élégance.

Les appellations champenoises

☐ Le Champagne : c'est le plus souvent un vin d'assemblage des trois cépages issus de lieux et d'années différents. L'art de l'assemblage consiste à exploiter la complémentarité des cépages : les grandes maisons s'en font une spécialité. Le champagne blanc de blanc est issu du seul chardonnay (Côte des Blancs). Plus rares sont les blancs de noirs issus des pinots. Certains champagnes, dits « monocrus » parce que produits dans un seul village ou une seule exploitation, sont élaborés surtout par les récoltants manipulants.

☐ Le champagne millésimé, produit dans les grandes années, doit vieillir trois ans.

☐ Les coteaux champenois : vins tranquilles, blancs et rouges.

☐ AOC rosé des Riceys (Aube) : rosés de saignée très typés du pinot.

LES LIEUX DU CHAMPAGNE

■ Carte du vignoble champenois

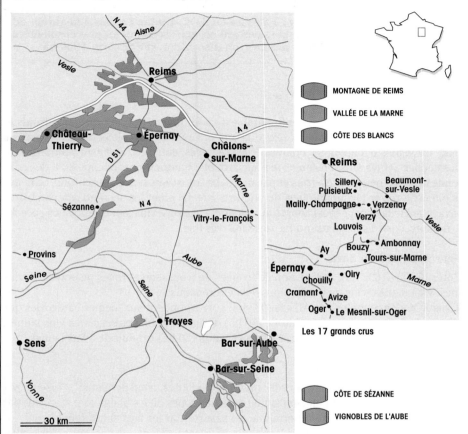

- MONTAGNE DE REIMS
- VALLÉE DE LA MARNE
- CÔTE DES BLANCS

Les 17 grands crus

- CÔTE DE SÉZANNE
- VIGNOBLES DE L'AUBE

30 km

■ L'étiquette du champagne

L'étiquette d'un champagne indique la teneur en sucre (mentions extra brut, brut, sec, demi-sec...), le millésime (vins de la même année), le nom du village (raisins d'une même commune), la mention du cru, la marque et l'adresse du manipulant, de l'embouteilleur ou du diffuseur.

La catégorie du producteur apparaît dans deux initiales au bas de l'étiquette :

RM : récoltant manipulant (un propriétaire qui vendange, élabore, vend son champagne).
NM : négociant manipulateur (qui achète ses raisins, partiellement ou en totalité).
CM : coopérative de manipulation (marque d'une coopérative de récoltants qui élabore son champagne).
MA : marque auxiliaire (marque d'un acheteur et revendeur de champagne).
SR : société de récoltants.

DU RAISIN AU VIN
LES VINIFICATIONS
LES SPÉCIALITÉS
L'ÉLEVAGE
LES LIEUX
LE CHOIX

Le Jura et la Savoie

Deux vignobles montagnards. Les vignes du Jura occupent le Revermont, sur le piémont jurassien, de Saint-Amour à Salins, sur 80 km de long : 1 830 ha en AOC. Du lac Léman à la vallée de l'Isère, le vignoble savoyard occupe les pentes les plus ensoleillées des rivières et des lacs, en discontinu, sur environ 1 900 ha.

Le vignoble jurassien

☐ Les terroirs. Le climat, semi-continental, est rude : hivers froids, printemps froids et mouillés, risques de gelées. Mais l'été est chaud et l'automne stable et doux. Exposées à l'ouest, les vignes occupent les collines et les reculées, entre 200 et 400 m d'altitude.

☐ Les cépages et les vins. En rouge, le poulsard, plant autochtone, occupe 80 % des sols. Il donne des vins peu colorés, frais et parfumés. Le trousseau, autre autochtone, offre des vins plus colorés et plus tanniques, de bonne garde. Le pinot les accompagne. En blanc, le savagnin, vieux cépage local adapté au calcaire, engendre vins jaunes et blancs secs. Le chardonnay, sur sols argileux, donne des vins très fins.

Les AOC du Jura

☐ Côtes du Jura (632 ha), AOC régionale : rouges de trousseau et rosés de poulsard, vins blancs, vins jaunes, vins de paille, mousseux et crémants.

☐ Trois AOC communales : les Arbois (937 ha) correspondent aux mêmes catégories que les Côtes du Jura, en plus typé. L'Étoile (70 ha) désigne des blancs secs, des vins jaunes, des vins de paille et des mousseux. Château-Chalon (50 ha) produit des vins jaunes.

Le vignoble savoyard

☐ Les terroirs. Le climat alpin est rude : pluies abondantes, froid persistant, « bise noire » venue du nord. La vigne est donc implantée dans des zones où les pluies sont stoppées par la montagne et où la régulation thermique est assurée par les lacs et les fleuves.

☐ Les cépages et les vins. En rouge, la mondeuse, plant local, donne des vins colorés, parfumés, tanniques, de bonne garde. Le gamay et le pinot l'accompagnent. En blanc, la jacquère, cépage rustique, occupe la moitié du vignoble. Elle donne des vins fins, vifs et légers. L'altesse donne les meilleurs blancs, vifs, fruités, aromatiques.

Les AOC de Savoie

Vin de Savoie (1 600 ha)	AOC régionale. Vins rouges, rosés, blancs, effervescents des cépages cités. Cette AOC peut être suivie d'un nom de cru. Exemples : Abymes, Apremont…
Roussette de Savoie (100 ha)	AOC régionale de vins blancs nés de la seule altesse pour les crus (Frangy, Marestel), de l'altesse et du chardonnay en dehors des crus.
Seyssel (80 ha)	Vin blanc d'altesse et mousseux de trois cépages (molette, chasselas, altesse).
Crépy (100 ha)	Vin blanc de chasselas, sec, fin et perlant, des coteaux dominant le lac Léman.

■ Carte du vignoble jurassien   ■ Carte du vignoble savoyard

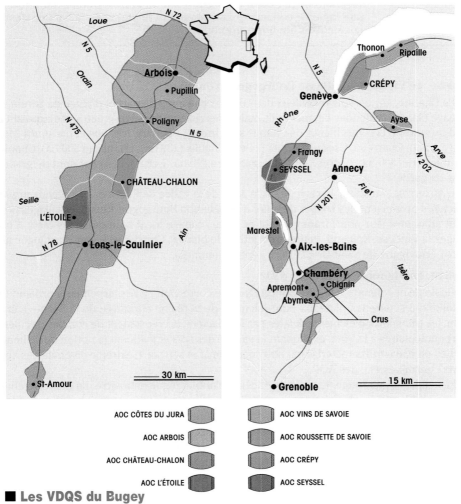

AOC CÔTES DU JURA
AOC ARBOIS
AOC CHÂTEAU-CHALON
AOC L'ÉTOILE

AOC VINS DE SAVOIE
AOC ROUSSETTE DE SAVOIE
AOC CRÉPY
AOC SEYSSEL

■ Les VDQS du Bugey

Dans le département de l'Ain, le vignoble du Bugey occupe les basses pentes calcaires du Jura, de Bourg-en-Bresse à la grande boucle du Rhône. Sur 400 ha, les cépages jurassiens, savoyards et bourguignons y voisinent : en rouge, le poulsard, la mondeuse, le gamay et le pinot ; en blanc, la mollette, la jacquère, l'altesse, le chardonnay, l'aligoté. Classés VDQS, les vins sont rouges, blancs, rosé ou effervescents, comme le fameux Cerdon de méthode ancestrale (poulsard + gamay). Trois crus se distinguent : le Manicle cher à Brillat-Savarin, le Cerdon et le Montagnieu.

DU RAISIN AU VIN
LES VINIFICATIONS
LES SPÉCIALITÉS
L'ÉLEVAGE
LES LIEUX
LE CHOIX

La Bourgogne I

La Bourgogne septentrionale correspond aux départements de l'Yonne (4 000 ha de vignes) et de la Côte d'Or (8 500 ha). Le vignoble de la Côte d'Or occupe, sur 50 km, de Dijon à Santenay, une ligne de coteaux qui surplombent la plaine de la Saône : c'est la célèbre Côte bourguignonne.

▆▆▆▆▆ Le vignoble de Basse Bourgogne (Yonne)

□ Le Chablis : sur les sols rocailleux des coteaux calcaires de part et d'autre du Serein, le cépage blanc chardonnay fait merveille malgré les risques de gelée, grâce à une exposition sud ou sud-est. Les vins blancs de Chablis sont frais et nerveux, très fins et parfumés (noisette, miel). Quatre AOC les distinguent : Petit Chablis (130 ha), Chablis (1 300 ha), Chablis premier cru (600 ha, 29 crus), Chablis grand cru (90 ha, 7 crus). Les crus sont de grands vins de garde.

□ L'Auxerrois : au sud d'Auxerre, dans la zone de la vallée de l'Yonne, les coteaux argilo-calcaires produisent des rouges de pinot d'appellation Bourgogne. Plusieurs villages peuvent adjoindre leur nom : Irancy (pinot et césar, cépage local tannique, très rare), Coulanges-la-Vineuse, Epineuil. Petite production de blancs : Chitry (excellent Bourgogne aligoté), Sauvignon de Saint-Bris (VDQS, sept communes).

▆▆▆▆▆ Le vignoble de la Côte d'Or

□ Géologie et « climats » : la côte bourguignonne correspond à l'escarpement nord-sud de la faille qui sépare les plateaux bourguignons de la plaine effondrée de la Saône. L'érosion, les transports d'éléments éclatés par les glaciers, le creusement de combes, reculées perpendiculaires à la Côte, expliquent la variété des sols et justifient la notion de « climat » ou lieu-dit cadastral caractérisé par son microclimat et son sol. L'extrême diversité des « climats » entraîne celle des AOC.

□ Les cépages : en rouge, le pinot noir, cépage noble, règne en maître. En blanc, le chardonnay est le cépage des grands vins et l'aligoté, minoritaire, donne des vins plus simples.

□ La Côte de Nuits : 1 500 ha sur 20 km de long et une faible largeur (300 à 1 000 m). Vignes entre 240 et 320 m d'altitude sur des sols cailloux (calcaires à entroques, marnes, éboulis). Les rouges dominent : vins colorés, parfumés, corsés et charnus, de très longue garde. Plusieurs AOC : Côte de Nuits-Villages, AOC communales, Premiers et Grands Crus. Terroirs les plus cotés : Gevrey-Chambertin, Morey-Saint-Denis, Chambolle-Musigny, Vosne-Romanée, Vougeot.

□ La Côte de Beaune : 3 000 ha sur 30 km de long et 1 à 2 km de large. Vignes jusqu'à 400 m d'altitude sur des sols variés (argilo-calcaires, marno-calcaires, marneux). Grands vins rouges de Volnay, Pommard, Beaune et Aloxe-Corton, magnifiques blancs de garde de Montrachet, Meursault, Corton-Charlemagne. Plusieurs AOC : Côte de Beaune-Villages, AOC communales, Premiers et Grands Crus.

□ Les Hautes Côtes : à l'ouest de la Côte, entre 300 et 450 m d'altitude, un vignoble s'est reconstitué. Pinot et chardonnay donnent les vins très estimables des AOC Hautes-Côtes de Nuits et Hautes-Côtes de Beaune.

LES LIEUX ET LES VINS

■ Carte du vignoble de l'Yonne

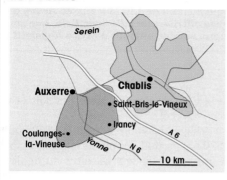

AOC DE CHABLIS

AOC BOURGOGNE et VDQS SAINT-BRIS

■ Historique

Introduite lors des conquêtes romaines, la vigne se développe rapidement en Bourgogne. À partir de l'an 1000, les moines implantent le vignoble. Les ducs de Bourgogne, propriétaires d'une partie du vignoble, veillent à développer les plantations en promouvant une production de qualité. Ils exploitent leurs vins à des fins diplomatiques, notamment avec la puissante papauté, et à des fins commerciales vers le nord de la France et la Flandre. La Révolution, par la confiscation des terres, entraîne le début du morcellement du vignoble qui existe encore.

AOC VILLAGES DE LA CÔTE DE NUITS

AOC HAUTES CÔTES DE NUITS

AOC VILLAGES DE LA CÔTE DE BEAUNE

AOC HAUTES CÔTES DE BEAUNE

Exemple d'AOC Communale : VOUGEOT

■ Carte de la Bourgogne septentrionale

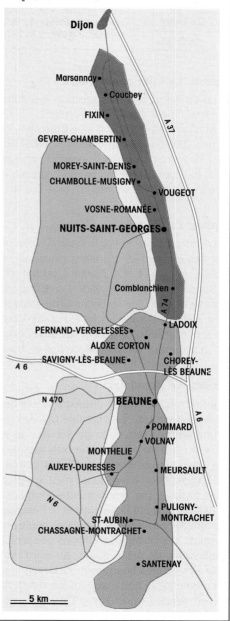

DU RAISIN AU VIN

LES VINIFICATIONS

LES SPÉCIALITÉS

L'ÉLEVAGE

LES LIEUX

LE CHOIX

La Bourgogne II

La Côte chalonnaise et le Mâconnais, vignobles de Saône-et-Loire, et le Beaujolais, vignoble du Rhône, appartiennent à la Grande Bourgogne, vaste région qui s'étend de Chablis aux environs de Lyon. Toutefois, le Beaujolais affirme une telle spécificité que son rattachement à la Bourgogne semble surtout d'ordre législatif !

La Côte chalonnaise

☐ Le terroir : zone de transition qui continue la Côte de Beaune, avec des sols et un encépagement comparables (pinot, chardonnay, aligoté).

☐ AOC et vins : le bourgogne Côte chalonnaise désigne des rouges de pinot et quelques blancs (800 ha, 44 communes). L'AOC Rully (520 ha) produit des pinots charnus et fins. Les Mercurey sont des rouges charpentés et fins, issus de sols calcaires ou argileux (630 ha). Les Givry (180 ha) sont surtout des rouges, bouquetés et charpentés. Les chardonnay de l'AOC Montagny (150 ha, 4 communes) sont fins et aromatiques.

Le Mâconnais

☐ Le terroir : climat continental à influences méridionales. Vignoble de 4 500 ha établi sur des croupes et des côtes calcaires, sur la rive droite de la Saône.

☐ AOC et vins : l'AOC Mâcon (200 ha) couvre des blancs de chardonnay souples et vifs, et des rouges fruités de pinot et de gamay. Les Mâcon-Villages sont uniquement des blancs, floraux et gras. Sur les sols marno-calcaires des célèbres AOC Pouilly-Fuissé (4 communes, 700 ha), Pouilly-Loché et Pouilly-Vinzelles, le chardonnay donne des vins puissants, floraux et fruités, de garde. Sur des sols similaires, le chardonnay de l'AOC Saint-Véran (6 communes, 400 ha) est délicat et bouqueté.

Le Beaujolais

☐ Le terroir : à l'ouest immédiat de la Saône, les coteaux du Beaujolais appartiennent au Massif central. Le vignoble (22 000 ha sur 60 km de long et 10 de large) est établi à une altitude moyenne de 300 m : au nord, sols granitiques, porphyriques ou schisteux, au sud de Villefranche, sols argilo-calcaires ou calcaires à concrétions ferrugineuses (les « pierres dorées »). Climat continental à nuances méridionales.

☐ Le gamay noir à jus blanc : c'est le cépage noble du Beaujolais. La vinification s'effectue sans foulage, par grappes entières (pages 36-37).

☐ AOC et vins : le Beaujolais et le Beaujolais supérieur sont produits au sud de la région, sur 10 000 ha. Rouges fruités et gouleyants, à boire jeunes. Quelques blancs de chardonnay. Les Beaujolais-Villages naissent sur 5 000 ha de sols cristallins. Ils sont fruités, gouleyants, de petite garde. Au nord du Beaujolais, sur 6 300 ha, les dix crus classés sont des rouges bouquetés, charnus, corsés et fins, souvent de bonne garde.

☐ Le Beaujolais nouveau : un vin d'AOC ne peut être vendu avant le 15 décembre, sauf s'il est déclaré « primeur ». Tel est le cas du fameux Beaujolais nouveau, débloqué le troisième jeudi de novembre. Ce vin est alerte, gouleyant et très aromatique.

LES LIEUX ET LES VINS

■ Cartes du Chalonnais, du Mâconnais et du Beaujolais

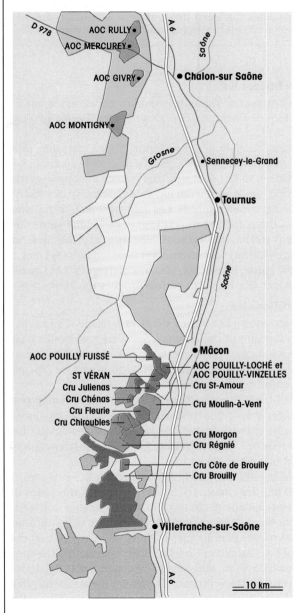

AOC CÔTE CHALONNAISE

AOC MÂCON

AOC MÂCON VILLAGES

AOC BEAUJOLAIS

AOC BEAUJOLAIS VILLAGE

■ Les bourgognes génériques

Bourgogne : dans l'Yonne, la Côte d'Or, la Saône-et-Loire. Repli possible des crus du Beaujolais dans cette appellation. Vins rouges, rosés, blancs. Vins de bon niveau, légers, aromatiques.
Bourgogne aligoté : Yonne, Côte d'Or, Saône-et-Loire. Les meilleurs proviennent de l'Yonne (Chitry), des Hautes Côtes et du Chalonnais (Bouzeron). Vins vifs aux arômes végétaux, souvent typés.
Bourgogne passetoutgrain : Yonne, Côte d'Or, Saône-et-Loire. Rouges ou rosés issus d'un assemblage de pinot (au moins un tiers) et de gamay. Vins fruités et francs.
Crémant de Bourgogne : Yonne, Côte d'Or, Saône-et-Loire. Effervescents blancs ou rosés nerveux et ronds.

DU RAISIN AU VIN
LES VINIFICATIONS
LES SPÉCIALITÉS
L'ÉLEVAGE
LES LIEUX
LE CHOIX

Les Côtes du Rhône

De Vienne à Avignon, le vignoble des Côtes du Rhône occupe les deux rives du Rhône, sur 65 000 ha. On y distingue deux grandes zones différenciées par le climat et la géologie : les Côtes du Rhône septentrionales (au nord du confluent Rhône Drôme) et les Côtes du Rhône méridionales (au sud de Montélimar).

Les Côtes du Rhône septentrionales

☐ Les terroirs : le climat est semi-continental. Vignobles installés en terrasses sur les pentes raides aux sols d'arènes granitiques. Quelques sols calcaires vers l'Hermitage et au bord de l'Isère (alluvions alpines).
☐ Cépages : syrah (Sy) pour les rouges, viognier (Vi), roussanne (Rs) et marsanne (Ma) pour les blancs. Les vins de ces micro-vignobles sont en général de grande classe.
☐ Les AOC et les vins. Les Côtes rôtie (140 ha) sont des vins rouges de longue garde, charnus et parfumés (Sy, un peu de Vi). Le Condrieu (30 ha) et le Château Grillet (3 ha !) sont de superbes blancs de viognier aux arômes subtils. Les Saint-Joseph (450 ha) sont rouges (Sy) ou blancs (Ma, Rs), les Cornas (60 ha) rouges (Sy) et de longue garde. Les blancs et les mousseux de Saint-Péray (60 ha, Ma, Rs) sont délicats et aromatiques. Sur la rive gauche du Rhône, les Hermitage (130 ha) sont en deux versions : rouges (Sy) magnifiques, charnus, bouquetés, de longue garde, blancs (Rs, Ma) très distingués. Les Crozes-Hermitage (900 ha) rouges (Sy) et blancs (Rs, Ma) sont parfois proches des Hermitage.

Les Côtes du Rhône méridionales

☐ Terroirs et cépages. Climat méditerranéen. Les vignes s'étalent largement à l'est et à l'ouest du Rhône, sur des terrasses fluviales et des coteaux. Sols variés d'éboulis charriés par les affluents du Rhône. Cépages rouges : grenache (G), syrah, cinsaut (Cin), mourvèdre (Mv), carignan (en déclin). Cépages blancs : clairette (Cl), bourboulenc (B), grenache blanc, ugni blanc, marsanne, roussanne, viognier.
☐ Les AOC génériques : les rouges de l'AOC Côtes-du-Rhône (4 500 ha) sont très différents selon les sols, l'altitude, les assemblages et les types de vinification : vins virils, tanniques, fruités de longue cuvaison, vins souples et très parfumés de macération carbonique. Les blancs sont minoritaires. Les Côtes-du-Rhône Village (3 000 ha), à partir des mêmes cépages en proportion différente, constituent une petite élite.
☐ Les AOC communales sont justement célèbres. Tavel (950 ha) produit des rosés excellents (G, Cin, B, picpoul), Lirac (430 ha) des rouges (G, Sy, Mv) généreux, des rosés de classe, des blancs fruités. Châteauneuf-du-Pape (3 200 ha), l'AOC prestigieuse aux treize cépages, désigne des rouges finement bouquetés, charpentés et capiteux, de vinification traditionnelle et de longue garde, des rouges plus souples mais fugaces (macération carbonique), quelques blancs remarquables. Gigondas (1 200 ha) et Vacqueyras (850 ha) produisent des rouges souvent superbes (G, Sy, Cin, Mv), séveux, aromatiques et capiteux.
☐ Autres AOC en plein essor : Clairette de Die (cépages clairette et muscat, vins effervescent et crémants), Châtillon-en-Diois (gamay, chardonnay), Coteaux du Triscastin, Côtes du Ventoux, Côtes du Lubéron, Coteaux de Pierrevert.

LES LIEUX ET LES VINS

■ Carte des Côtes-du-Rhône

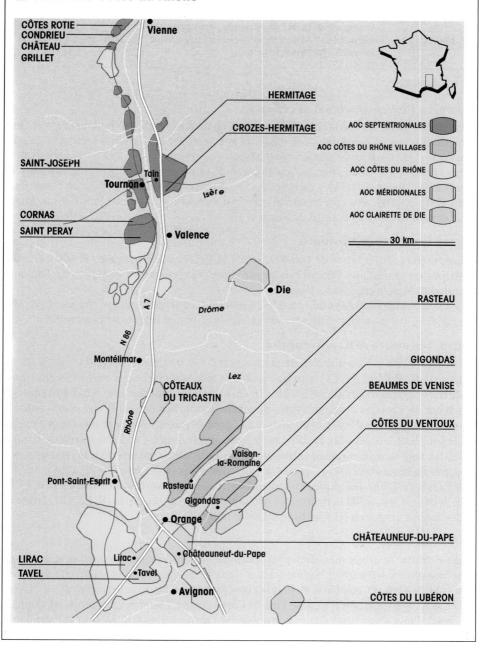

CÔTES ROTIE
CONDRIEU
CHÂTEAU GRILLET

Vienne

HERMITAGE

CROZES-HERMITAGE

AOC SEPTENTRIONALES

AOC CÔTES DU RHÔNE VILLAGES

AOC CÔTES DU RHÔNE

AOC MÉRIDIONALES

AOC CLAIRETTE DE DIE

30 km

SAINT-JOSEPH

Tain

Tournon

Isère

CORNAS

SAINT PERAY

Valence

Die

Drôme

RASTEAU

A 7

N 86

GIGONDAS

Montélimar

Lez

BEAUMES DE VENISE

CÔTEAUX DU TRICASTIN

CÔTES DU VENTOUX

Rhône

Vaison-la-Romaine

Pont-Saint-Esprit

Rasteau

Gigondas

Orange

CHÂTEAUNEUF-DU-PAPE

LIRAC

Lirac

Châteauneuf-du-Pape

TAVEL

Tavel

Avignon

CÔTES DU LUBÉRON

DU RAISIN AU VIN
LES VINIFICATIONS
LES SPÉCIALITÉS
L'ÉLEVAGE
LES LIEUX
LE CHOIX

La Provence et la Corse

> La Provence viticole ne coïncide pas complètement avec la Provence historique. Elle s'étend du Rhône à Nice et de la Durance à la Méditerranée, sur plus de 23 000 ha. En Corse, le vignoble d'AOC est en pleine renaissance, à partir de plants méditerranéens autochtones.

La Provence : climat et cépages

☐ Le climat : le climat méditerranéen, aux étés chauds et secs et au mistral souvent fort, admet des nuances favorables à la vigne : la mer tempère la chaleur à Bandol et Cassis, l'exposition nord est favorable aux vins blancs.

☐ Les cépages : en rouge, régression des carignan (C) et progrès du grenache (G), du cinsaut (Cin), du mourvèdre (Mv), de la syrah (Sy), du cabernet sauvignon (CS). En blanc : ugni blanc (UB), bourboulenc (B), grenache blanc (Gb), sémillon (Sé), sauvignon (S), marsanne (Ma) et roussanne (Rs), rolle (R), clairette (Cl).

Les Côtes-de-Provence

☐ Les terroirs : trois types de terroirs pour l'AOC Côtes-de-Provence (17 000 ha) : sols schisteux ou granitiques du sud des Maures, grès rouges, sables et argiles de Toulon à Saint-Raphaël, sols calcaires à l'est.

☐ Les vins : rouges souples ou robustes, toujours très aromatiques. Cépages : C, G, Mv, Cin, Sy, CS (30 % maximum). Rosés frais et fruités et blancs intéressants au nord.

Les autres AOC provençales

☐ Coteaux d'Aix et Coteaux des Baux couvrent 3 800 ha de sols argilo-calcaires où les rouges (C, G, Mv, Cin, Sy, Cs) sont bouquetés et bien structurés, les rosés vifs et fruités, les blancs parfumés (UB, Cl, Sé, S). Palette (20 ha) est un superbe cirque calcaire protégé des vents. Des rouges charnus, typés, de longue garde, nés de nombreux plants autochtones, y côtoient des blancs distingués. Les Coteaux varois désignent des rouges et des rosés souples (C, G, Mv, Cin, Sy, tibouren). Quelques blancs. Le superbe terroir de Bandol (1 300 ha, sols sableux ou silico-calcaires, vignes en gradins) enfante de très beaux rouges de garde de mourvèdre (G et Cin en appoint), des rosés et des blancs (UB, Cl, S).

☐ À Cassis (180 ha), les vignes en amphithéâtre donnent surtout des blancs (UB, Cl, S, Gb). Bellet, (32 ha, à 300 m d'altitude) produit des blancs très typés (R, Rs, chardonnay) et des rouges originaux (G, Cin, braquet, folle noire).

La Corse

☐ Les terroirs : le climat méditerranéen conjugue l'ensoleillement maximal et la fraîcheur maritime (pluies suffisantes, régulation thermique). Encépagement original : en rouge nielluccio, sciacarello et une foule de plants autochtones, en blanc le vermentino.

☐ Les AOC. L'appellation régionale Vins de Corse couvre 1 300 ha. Cinq zones lui ajoutent leur nom : Calvi, Cap Corse, Figari, Porto Vecchio, Sartène. Les AOC Ajaccio et Patrimonio produisent les meilleurs vins de Corse.

LES LIEUX ET LES VINS

■ Carte des vignobles provençaux et corses

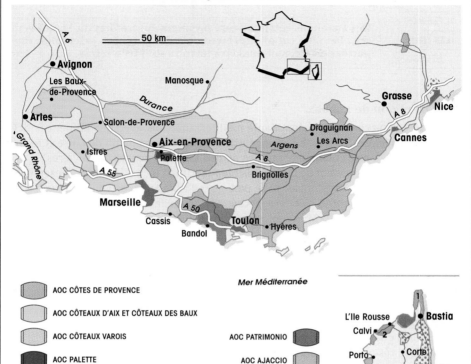

50 km

Avignon
Les Baux-de-Provence
Manosque
Durance
Arles
Salon-de-Provence
Grasse
Nice
A 8
Draguignan
Aix-en-Provence
Argens
Les Arcs
Cannes
Istres
Palette
A 8
Grand Rhône
A 55
Brignolles
Marseille
A 50
Cassis
Toulon
Hyères
Bandol

Mer Méditerranée

AOC CÔTES DE PROVENCE

AOC CÔTEAUX D'AIX ET CÔTEAUX DES BAUX

AOC CÔTEAUX VAROIS

AOC PALETTE

AOC CASSIS

AOC BANDOL

AOC BELLET

AOC PATRIMONIO

AOC AJACCIO

AOC VIN DE CORSE

AOC VIN DE CORSE
et dénominations :
Cap Corse (1), Calvi (2),
Sartène (3), Figari (4), Porto Vecchio (5)

L'Ile Rousse
Calvi
Porto
Bastia
Corte
Aléria
Ajaccio
Sartène
Porto-Vecchio
Figari

■ Histoire des vins provençaux

Au VIᵉ siècle avant J.C., les Phocéens créèrent le premier vignoble. Les Romains prirent la suite et le Moyen Âge fut bénéfique à la vigne.

Appréciés à la Cour de France aux siècles suivants, les vins provençaux furent victimes du phylloxéra.

Oubliés jusqu'aux années 50, desservis par la mode des rosés faciles, les vignerons se sont repris. Aujourd'hui, coopératives et viticulteurs indépendants méritent les AOC obtenues.

■ Histoire des vins corses

Les Phocéens créèrent probablement un vignoble vers Aleria. Les vétérans romains leur succédèrent. Sous la tutelle de Gênes, le vignoble progresse pour atteindre quelque 10 000 ha avant l'« achat » de la Corse sous Louis XV. Deux événements récents : arrivée massive des rapatriés d'Afrique du Nord et implantation d'un vignoble de masse (années 60), prise de conscience actuelle et retour à la qualité (cépages réhabilités, obtention d'AOC).

DU RAISIN AU VIN
LES VINIFICATIONS
LES SPÉCIALITÉS
L'ÉLEVAGE
LES LIEUX
LE CHOIX

Le Languedoc ouest et le Roussillon

> **Des Pyrénées catalanes aux premiers contreforts du Massif central, la vigne est omniprésente (Aude, Pyrénées orientales, une partie de l'Hérault) mais les terroirs sont très variés.**

La région de Limoux

☐ Le terroir : dans ce climat à dominante méditerranéenne, avec des influences océaniques et pyrénéennes, le mauzac, cépage blanc de Gaillac, le chenin de Loire et le chardonnay bourguignon se conjuguent sur des pentes argilo-siliceuses ou calcaires.

☐ La blanquette et le crémant de Limoux : la blanquette est un excellent effervescent vinifié selon la méthode champenoise : robe paillée, bulles légères, arômes floraux. Le crémant de Limoux (depuis 1990) naît dans des conditions similaires. Blancs de l'AOC Limoux : fermentation et élevage sous bois sont obligatoires. À découvrir.

Les Corbières et le Fitou

☐ Le terroir : l'influence méditerranéenne est prépondérante. Relief heurté (bassins encaissés, combes sèches, crêtes calcaires) aux sols très variés.

☐ Un encépagement méditerranéen. Cépages rouges : carignan (limité à 60 %), grenache, cinsaut, syrah. Cépages blancs : maccabeo, grenache blanc, bourboulenc.

☐ L'AOC Corbières : rouges de macération carbonique ou de longue cuvaison, aux arômes sauvages, bien charpentés et charnus. Blancs en général harmonieux. 16 000 ha.

☐ L'AOC Fitou réservée aux vins rouges, occupe deux terroirs distincts où le carignan et le grenache dominent (90 %). Les Fitou sont d'excellents vins de garde. 2 500 ha.

Le Minervois

☐ Terroir de collines et de mourrels (buttes) aux sols variés. Encépagement : carignan et cinsaut. En blanc : picpoul, clairette, terret, maccabeo, bourboulenc et grenache blanc.

☐ L'AOC Minervois : les rouges, en macération carbonique ou de longue cuvaison, sont fins, aromatiques et épicés. Blancs très attrayants. 5 500 ha.

Le Roussillon

☐ Le terroir : cette région, au climat méditerranéen affirmé, est la plus chaude de France. La vigne est partout, sur des sols variés. L'encépagement est sensiblement le même que dans les Corbières, avec la prépondérance du carignan (70 %) et, en blanc, du maccabeo.

☐ Les AOC Côtes-du-Roussillon et Côtes-du-Roussillon-Villages : la macération carbonique réussit aux rouges, vins généreux, charpentés, aromatiques. Vins « verts » en blanc. Très bons rosés de saignée. 25 communes au nord de la Têt ont droit à l'AOC Roussillon-Villages et deux peuvent ajouter leur nom sur l'étiquette : Caramany et La Tour-de-France. Roussillon : 5 500 ha. Roussillon-Villages : 2 800 ha.

☐ L'AOC Collioure : sur le terroir de Banyuls, rouges de carignan, de grenache et de mourvèdre. Vins structurés, très aromatiques, charnus et capiteux. 350 ha.

LES LIEUX ET LES VINS

■ Carte des vignobles du Languedoc ouest et du Roussillon

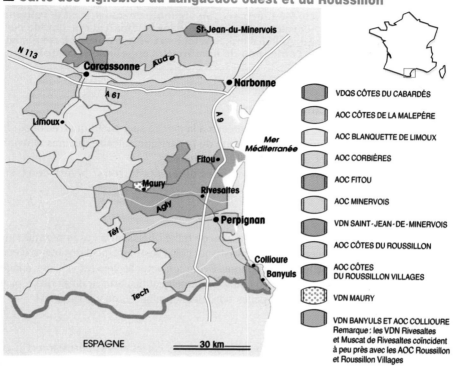

VDQS CÔTES DU CABARDÈS

AOC CÔTES DE LA MALEPÈRE

AOC BLANQUETTE DE LIMOUX

AOC CORBIÈRES

AOC FITOU

AOC MINERVOIS

VDN SAINT-JEAN-DE-MINERVOIS

AOC CÔTES DU ROUSSILLON

AOC CÔTES DU ROUSSILLON VILLAGES

VDN MAURY

VDN BANYULS ET AOC COLLIOURE
Remarque : les VDN Rivesaltes et Muscat de Rivesaltes coïncident à peu près avec les AOC Roussillon et Roussillon Villages

■ Historique

Les Grecs, implantés dès le VIIe siècle avant J.C., sont à l'origine de la viticulture méridionale. Les Romains les relaient puis les Gallo-Romains de la Narbonnaise. Après les invasions barbares et arabes, les vignobles renaissent grâce aux monastères. La viticulture médiévale fut florissante et exportatrice. Les vins doux naturels, à partir du XIIIe siècle, puis les eaux-de-vie à partir du XVIIe ajoutent à la célébrité des deux régions et le creusement du canal du Midi (XVIIe s.) facilite le commerce. Au XIXe siècle, puis au XXe siècle, grâce à la liberté des échanges, à la révolution des chemins de fer et à la forte demande en vins de table, Languedociens et Catalans plantent massivement de l'aramon puis des hybrides, d'où la grave crise de surproduction (révoltes vigneronnes de 1907). Aujourd'hui, les vins de table régressent au profit des vins d'appellation contrôlée, sur coteaux ou terrasses caillouteuses, mais les reconversions ne sont pas toujours possibles.

■ Vins des confins

Dans la région de Carcassonne, les influences océaniques et méditerranéennes se conjuguent. Aussi le VDQS Côtes-du-Cabardès (400 ha) et l'AOC Côtes-de-la-Malepère (350 ha) utilisent-elles grenache, carignan et syrah du Midi, merlot et cabernets du Sud-Ouest. Vins à découvrir.

DU RAISIN AU VIN

LES VINIFICATIONS

LES SPÉCIALITÉS

L'ÉLEVAGE

LES LIEUX

LE CHOIX

Le Languedoc est

De Narbonne au Rhône et des contreforts méridionaux du Massif central à la Méditerranée, un vignoble de masse s'est développé au siècle dernier en Languedoc, dans l'Hérault et une grande partie du Gard. Aujourd'hui, le retour aux vins de qualité a été récompensé par l'obtention de nombreuses appellations contrôlées.

Les terroirs du Languedoc est

☐ Un relief en amphithéâtre. Des hauts plateaux à la mer se succèdent quatre zones : terrains anciens des pentes montagneuses, zone de la garrigue calcaire, plaines alluviales basses, cordon littoral, avec une grande diversité de sols.

☐ Un climat méditerranéen qui crée l'unité des différents terroirs : hivers doux, étés chauds.

Vins de pays

☐ Les vins de pays. C'est une catégorie de vins de table obéissant à ces impératifs : indication de l'origine (département, zone plus vaste ou moins vaste), respect des règles d'encépagement, de rendement, de teneur alcoolique. Évolution actuelle vers les vins de cépages.

☐ L'encépagement. L'aramon, trop productif, a pratiquement disparu, au profit des cépages méditerranéens traditionnels, des cépages bordelais et même... du chardonnay.

Les vignobles d'AOC

☐ L'encépagement. En rouge, par ordre d'importance : carignan en régression (C), grenache (G) et cinsaut (Cin), en progression, syrah (Sy), mourvèdre (Mv), terret (T). En blanc : clairette (Cl), bourboulenc (B), picpoul (P), terret blanc (Tb), muscat à petits grains (Mu).

☐ Les VDN : ce sont les excellents muscats de Frontignan, Mireval et Lunel.

AOC	Terroirs	Cépages	Vins
Coteaux du Languedoc (8 000 ha)	Zone de la garrigue. 12 terroirs peuvent ajouter une dénomination locale. Sols : grèzes (caillou-tis calcaires éclatés), éboulis calcaires, cailloux des terrasses fluviales, schistes à Cabrières.	Rouges : C, G, Cin, Sy, Mv, T.	Rouges généreux sur sols schisteux, ronds et fruités sur sols calcaires. Blancs typés par le cépage, souvent vifs et fruités.
Clairettes	Terroirs variés.	Clairette.	Blancs très typés.
Saint Chinian	Schistes au nord, cailloutis calcai-res au sud. 3 000 ha.	C, G, Cin, un peu de Sy.	Rouges robustes mais fins. Peuvent vieillir.
Faugères	Coteaux schisteux. 1 300 ha.	C, G, Cin, Sy.	Rouges colorés, charnus.
Costières de Nîmes	12 000 ha. Sols : cailloux roulés de coteaux en pente douce.	C, G, Cin, Mv, Sy	Rouges corsés, ronds, épi-cés. Rosés aromatiques. Quelques blancs floraux.

■ Carte du vignoble du Languedoc est

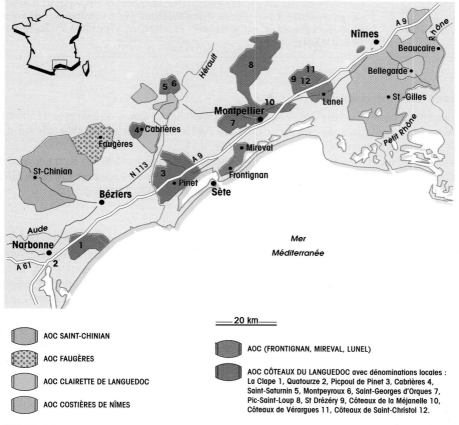

20 km

AOC SAINT-CHINIAN

AOC FAUGÈRES

AOC CLAIRETTE DE LANGUEDOC

AOC COSTIÈRES DE NÎMES

AOC (FRONTIGNAN, MIREVAL, LUNEL)

AOC CÔTEAUX DU LANGUEDOC avec dénominations locales :
La Clape 1, Quatourze 2, Picpoul de Pinet 3, Cabrières 4,
Saint-Saturnin 5, Montpeyroux 6, Saint-Georges d'Orques 7,
Pic-Saint-Loup 8, St Drézéry 9, Côteaux de la Méjanelle 10,
Côteaux de Vérargues 11, Côteaux de Saint-Christol 12.

■ Historique

Le destin de cette région rappelle celui des voisins de l'ouest, de l'arrivée des Grecs à la fondation romaine de la Narbonnaise et de l'action de l'Église médiévale à l'établissement du vignoble de masse au siècle dernier. À signaler aussi la création de Sète et le creusement du Canal des Deux-Mers au XVIIe siècle, l'essor du marché des eaux-de-vie aux XVIIIe et XIXe siècles, le succès des vins doux naturels dès leur « invention » par Arnau de Villanova au XIIIe siècle.

■ Les vins blancs du Languedoc

Le picpoul de Pinet (appellation Coteaux-du-Languedoc) produit, grâce à l'influence maritime, un vin sec fin, fruité, typé.

La Clape : les blancs (terret, bourboulenc) sont vifs et aromatiques.

La clairette du Languedoc (8 communes, 200 ha) : blanc sec, demi-sec ou moelleux. La robe est jaune, les arômes fruités et fumés, la bouche corsée. Goût de rancio après trois ans.

La clairette de Bellegarde (50 ha) : robe dorée et arômes fins, amertume délicate et puissance.

DU RAISIN AU VIN
LES VINIFICATIONS
LES SPÉCIALITÉS
L'ÉLEVAGE
LES LIEUX
LE CHOIX

Le Sud-Ouest

> Du Bergeracois à Gaillac, dans le Tarn, les vignobles du Sud-Ouest constituent un ensemble discontinu qui appartient à sept départements. La diversité des situations géographiques, des sols et des cépages y est extrême et chaque vignoble affirme sa spécificité.

Le Bergeracois

☐ Les vins rouges : les vins des AOC Bergerac (6 000 ha) et Côtes-de-Bergerac (1 500 ha) sont souples, équilibrés, de garde modeste. Les Pécharmant (300 ha en AOC), nés sur des sols argileux riches en fer, sont de bonne garde.

☐ Les vins blancs : les vins secs des AOC Bergerac et Montravel (500 ha) sont nerveux et fruités. Moelleux distingués des AOC Saussignac (50 ha), Haut-Montravel, Côtes de Montravel et Rosette (20 ha). Excellents liquoreux de Monbazillac (2 400 ha).

Le Lot-et-Garonne et le Lot

☐ Lot-et-Garonne. L'AOC Côtes-de-Duras (2 000 ha) couvre des coteaux argilo-calcaires où excellent les blancs de sauvignon. Les rouges y sont souples (plants bordelais). Associés aux plants bordelais, l'abouriou et le fer servadou typent les rouges de l'AOC Côtes du Marmandais (1 800 ha). Les AOC Côtes-de-Buzet (1 500 ha) sont surtout des rouges, charnus et charpentés (plants bordelais). VDQS Côtes-du-Brulhois : rouges étoffés (tannat, fer servadou et plants bordelais).

☐ L'AOC Cahors (4 100 ha). Le cépage roi est l'auxerrois ou malbec, complété par le tannat, le merlot, le jurançon rouge. Vins de causses calcaires ou de terrasses graveleuses, les Cahors sont « noirs », charpentés et fruités, dignes de vieillir. Les Cahors prêts à boire ne sont pas les meilleurs.

Gaillacois, Tarn et Rouergue

☐ Le vignoble du Gaillacois (2 500 ha). Les cépages blancs (mauzac, len de l'elh, ondenc, sauvignon…) occupent les coteaux calcaires. Ils donnent des vins secs perlés, des moelleux, des effervescents. Plantés sur les graves, les cépages rouges (duras, braucol, négrette, syrah, gamay, plants bordelais) donnent des rouges fort différents selon le choix des cépages et la vinification.

☐ Dans le Tarn, le VDQS Côtes de Millau est typé par la syrah, le gamay et le fer servadou. Ce dernier plant type les vins rouergats rouges de l'AOC Marcillac (présent à 80 %). Les VDQS Entraygues-et-Fel sont blancs (chenin), rosés ou rouges (fer servadou majoritaire).

La région toulousaine

☐ Les Côtes du Frontonnais : sur les terrasses fluviales du Tarn, la négrette, cépage local, voisine avec de nombreux cépages complémentaires (cabernets, fer servadou, syrah, gamay…). Rouges bouquetés, délicats et bien structurés, rosés agréables. 1 500 ha.

☐ Le VDQS Lavilledieu (80 ha). Cépages du Frontonnais. Rouges ronds, rosés fruités.

LES LIEUX ET LES VINS

■ Carte des vignobles du Sud-Ouest

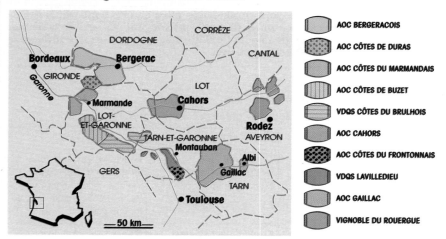

	AOC BERGERACOIS
	AOC CÔTES DE DURAS
	AOC CÔTES DU MARMANDAIS
	AOC CÔTES DE BUZET
	VDQS CÔTES DU BRULHOIS
	AOC CAHORS
	AOC CÔTES DU FRONTONNAIS
	VDQS LAVILLEDIEU
	AOC GAILLAC
	VIGNOBLE DU ROUERGUE

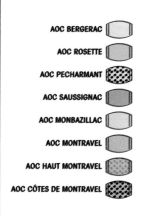

AOC BERGERAC
AOC ROSETTE
AOC PECHARMANT
AOC SAUSSIGNAC
AOC MONBAZILLAC
AOC MONTRAVEL
AOC HAUT MONTRAVEL
AOC CÔTES DE MONTRAVEL

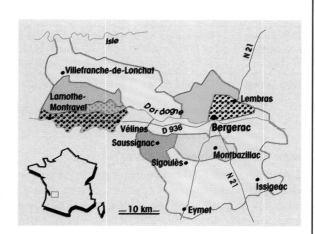

■ Historique

De création gallo-romaine, les vignobles du Sud-Ouest se sont développés à proximité d'importants points de passage de rivières. Le pèlerinage à Saint-Jacques-de-Compostelle fait leur bonheur et le Privilège bordelais (1271) leur malheur : ces vins de Haut-Pays ne peuvent être vendus qu'après ceux de Bordeaux. Quand ils partent vers l'Angleterre, ils sont fatigués et vinaigrés : on ignore alors les bienfaits du soufre. Leur essor au XIX* siècle est brutalement interrompu par le phylloxéra : des vignobles entiers sont anéantis. Le renouveau date des années 1950 : des coopératives et des vignerons tenaces, orientés vers la qualité, obtiennent le classement en VDQS puis en AOC.

DU RAISIN AU VIN

LES VINIFICATIONS

LES SPÉCIALITÉS

L'ÉLEVAGE

LES LIEUX

LE CHOIX

Les Pyrénées

Les vignobles du Piémont pyrénéen, du sud des Landes à la montagne basque, sont caractérisés par une étonnante diversité de cépages autochtones. Ils occupent souvent des sols de moraines glaciaires ou de dépôts fluviatiles et sont soumis aux influences climatiques montagnardes.

Les vignobles de l'Adour

Trois vignobles et quatre appellations. Climat océanique méridional.

Appellations	Terroirs	Cépages	Vins
AOC Madiran (rouges) (1 100 ha)	Coteaux au sud de l'Adour. Sols argilo-calcaires ou siliceux mêlés de graves.	Tannat (40 à 60 %), cabernet sauvignon, cabernet franc.	Rouges corsés, tanniques, aux arômes de fruits rouges et de violette. Deux styles : vins légers, vins traditionnels de longue garde.
AOC Pacherenc du Vic Bilh (100 ha)	Même terroir que le Madiran.	Arrufiat, petit et gros manseng, courbu, sauvignon.	Blancs secs ou moelleux. Arômes de fleurs ou de fruits secs. Très typés.
VDQS Côtes-de-Saint-Mont (600 ha)	Coteaux au nord de l'Adour, dans le Gers.	Rouges : tannat, fer servadou, cabernets. Blancs : arrufiat, manseng, courbu.	- Rouges corsés, charnus et assez souples. - Blancs secs parfumés.
VDQS Tursan (300 ha)	Coteaux de la Chalosse (Landes). Sols variés.	- Rouges : tannat (20 à 40 %, cabernets - Blancs : baroque (90 %), sauvignon.	- Rouges souples et fruités, rosés gouleyants. - Blancs secs très typés, aromatiques et fruités.

Les vignobles des gaves

☐ L'AOC Jurançon (700 ha) : entre le gave de Pau et celui d'Oloron, les cépages blancs (petit et gros manseng pour l'essentiel, courbu, camaralet, lauzet) occupent des coteaux pentus aux sols morainiques, argilo-calcaires ou silico-argileux. Les blancs secs, vifs et floraux, naissent du gros manseng. Les moelleux, traditionnels, nés surtout du petit manseng, sont vifs et suaves.

☐ L'AOC Béarn. Trois terroirs séparés : zones des AOC Madiran et Jurançon, zone du Béarn Bellocq (200 ha de sols variés). Les rouges, issus du tannat, du fer servadou et des cabernets, sont fruités et tanniques, les blancs secs très typés par les mansengs et le raffiat de Moncade.

Le vignoble d'Irouléguy

☐ Terroir et cépages. Ce vignoble basque, en résurrection, occupe environ 150 ha de sols variés (argilo-calcaires, gréseux, schisteux), sur les pentes bien exposées des vallées, à 200-400 mètres d'altitude. Cépages dominants : tannat, cabernet franc (acheria).

☐ Les vins d'Irouleguy : rouges charnus et tanniques. Rosés vifs et gouleyants.

LES LIEUX ET LES VINS

■ Carte des vignobles pyrénéens

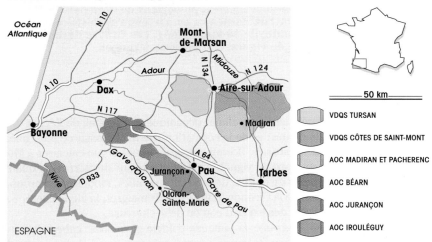

Océan Atlantique

Mont-de-Marsan

• Aire-sur-Adour

• Madiran

Dax

Bayonne

Jurançon • Pau

Oloron-Sainte-Marie

Tarbes

ESPAGNE

50 km

- VDQS TURSAN
- VDQS CÔTES DE SAINT-MONT
- AOC MADIRAN ET PACHERENC
- AOC BÉARN
- AOC JURANÇON
- AOC IROULÉGUY

■ Historique

Les vignobles pyrénéens se sont implantés autour de villes-marchés près de rivières facilement franchissables ou, à Irouléguy, à proximité des cols. Peut-être de fondation gallo-romaine, ils ont été développés autour du Xe au XIIe siècle puis, excellemment placés sur les chemins de Saint-Jacques-de-Compostelle, ils sont devenus des vins de pèlerins. Grâce à l'Adour navigable et à la proximité de Bayonne, ces vins sont exportés facilement, durant tout le Moyen Âge, vers l'Angleterre et la Hollande, sans subir le protectionnisme bordelais. La maison de Navarre les a protégés et l'on sait que le bon roi Henri IV a été baptisé... au Jurançon. Les années d'Ancien Régime puis le XIXe siècle leur sont fastes, jusqu'à la terrible crise du phylloxéra qui annihile tous ces vignobles. Grâce à l'action des coopératives et de quelques vignerons décidés, ils ont été patiemment reconstitués à partir des années 50. Ils sont actuellement en plein essor.

■ Cépages autochtones

La zone pyrénéenne reste une réserve ampélographique par le nombre impressionnant de ses cépages autochtones qui typent les appellations.
- Le tannat donne des vins de grande qualité, très colorés, aromatiques, très tanniques et de longue garde.
- Le fer servadou (ou pinenc) est proche des cabernets.
- Le petit manseng, cépage blanc à rendement modeste, donne les excellents jurançons : ses pellicules résistantes supportent le passerillage.
- Le gros manseng, plus productif, est réservé aux jurançons secs.
- L'arrufiat, cépage blanc traditionnel du Vic Bilh, enfante des vins floraux très typés.
- Le courbu, autre cépage blanc, donne des vins à la fois floraux et fruités.
- Le baroque, plant typique de la Chalosse, donne des vins blancs vifs, aromatiques et fruités.

DU RAISIN AU VIN

LES VINIFICATIONS

LES SPÉCIALITÉS

L'ÉLEVAGE

LES LIEUX

LE CHOIX

Le Médoc et les Graves

Le Médoc et les Graves comptent parmi les terroirs et les appellations les plus anciennement prestigieux du Bordelais. Le Médoc viticole, au nord de Bordeaux, est un long ruban viticole, parallèle à la Gironde, de 80 km de long. Les Graves déroulent un second ruban de vignes, de Bordeaux à Langon.

Le Médoc

☐ Les terroirs médocains bénéficient d'un climat océanique méridional, de l'écran de la forêt de pins contre les vents d'ouest et de la régulation thermique assurée par l'océan Atlantique, les lacs et, surtout, l'estuaire. Hormis quelques zones argilo-calcaires à Moulis, Listrac, Saint-Estèphe et au nord, le vignoble est implanté sur des terrasses quaternaires de graves, cailloux ovoïdes de quartz, de quartzite, de silex, modelées en croupes drainées par les petits affluents de la Gironde. Dans ces sols maigres, la vigne cherche sa nourriture en profondeur, à l'abri des excès d'eau ou de sécheresse.

☐ L'encépagement médocain. En rouge, la fameuse trilogie girondine : cabernet sauvignon, cabernet franc, merlot. Le premier donne des vins très tanniques, de longue garde. Le second lui ressemble (moins tannique) et le merlot confère sa souplesse et sa chair à l'ensemble. Cépages de petit complément : petit verdot, carmenère, malbec.

☐ Deux AOC sous-régionales. Au nord de la presqu'île, l'AOC Médoc donne des vins corsés mais souples (rôle du merlot) sur 4 300 ha. Les terroirs de l'AOC Haut Médoc (4 800 ha) donnent des vins très fins, parfumés, bien structurés et de longue garde.

☐ Six AOC communales. Quatre occupent les plus beaux terroirs de graves : Margaux (1 300 ha), Saint-Julien (850 ha), Pauillac (1 100 ha), Saint-Estèphe (1 200 ha). Tous ces vins sont d'un niveau remarquable et de très longue garde. Les AOC Moulis (500 ha) et Listrac (600 ha), où certains sols sont argilo-calcaires, donnent des vins excellents, de longue garde, d'expression plus rustique.

Les Graves

☐ Les terroirs des Graves. Sols graveleux des terrasses fluviales, comme en Médoc. Au sud de la zone, l'érosion a dégagé le socle calcaire : sols argilo-calcaires.

☐ L'encépagement. En rouge, même trilogie que dans le Médoc. En blanc, le sémillon, plant traditionnel, donne des vins secs fins et délicatement parfumés. Il s'allie au sauvignon, très aromatique et quelquefois à la muscadelle, très minoritaire.

☐ Les AOC des Graves. La dernière née, Pessac-Léognan (905 ha), est la plus cotée. Elle concerne dix communes du nord de la zone et occupe de superbes croupes de graves anciennes. Les rouges y sont très fins, charnus et parfumés, de longue garde, les blancs aromatiques, typiques par leur gras, et de bonne garde. À l'AOC Graves (3 100 ha), sur sols graveleux ou argilo-calcaires au sud, correspondent des rouges aromatiques et bien structurés, de bonne garde et des blancs secs vifs mais gras, très parfumés. Les Graves supérieures (400 ha) sont des blancs, secs et surtout moelleux, onctueux et puissants.

LES LIEUX ET LES VINS

■ Carte du vignoble du Médoc et des Graves

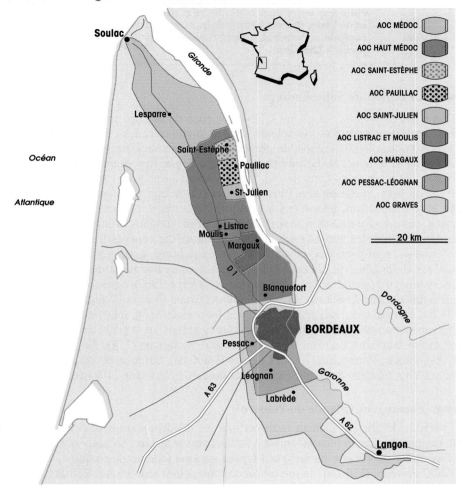

■ Historique

• Le classement de 1855 retient 5 classes de crus pour le Médoc. Les 4 premiers sont Haut-Brion (seul cru classé des Graves), Lafite-Rothschild, Latour, Château Margaux. Mouton-Rothschild les rejoint en 1973. 14 châteaux sont classés seconds, 14 troisièmes, 10 quatrièmes et 18 cinquièmes.

• Classés une première fois en 1932, les Crus bourgeois sont actuellement 150. Beaucoup sont au niveau des cinquièmes crus de 1855.

• Tardif, le classement des Graves a lieu en 1959. Les 15 crus classés sont tous en A.O.C. Pessac-Léognan : 2 en blanc, 7 en rouge, 6 en blanc et rouge.

DU RAISIN AU VIN

LES VINIFICATIONS

LES SPÉCIALITÉS

L'ÉLEVAGE

LES LIEUX

LE CHOIX

Bordeaux : le Libournais

> **Les vins du Libournais, exclusivement rouges, ont la même notoriété que ceux du Médoc. Ils sont produits à l'ouest de Libourne et de l'Isle, dans le Fronsadais, et, au nord et à l'est de cette petite capitale, à Pomerol, à Saint-Émilion et sur les terroirs limitrophes, jusqu'à Castillon.**

▄▄▄▄ La région de Saint-Émilion

☐ Cinq types de terroirs : la plaine sablo-graveleuse de la Dordogne, les sols calcaires et argilo-calcaires de la côte, les sols du plateau, argilo-calcaires ou, parfois, constitués de sables éoliens, enfin les sols de graves des terrasses de l'Isle vers l'ouest.

☐ Le merlot et le bouchet. Le merlot, cépage qui donne des vins riches, aromatiques et souples, l'emporte nettement (60 %). Son second est le cabernet franc, ici appelé « bouchet », dont les vins colorés sont plus tanniques et très aromatiques. Le cabernet sauvignon et le malbec sont plus rares, à quelques brillantes exceptions près.

☐ L'AOC Saint-Émilion : 5 200 ha sur huit communes autour de la cité de Saint-Émilion. Grande variété de vins, due aux sols et au pourcentage des cépages. Ces vins, rubis dans leur jeunesse, sont généreux, charnus, souples, équilibrés, avec des tanins fins et fondus. Ceux de la côte, du plateau et des graves sont de bonne garde.

☐ Le classement des saint-émilions : ce classement, récent (1955), est révisé tous les 10 ans. Il distingue les Saint-Émilions, les Saint-Émilions Grand Cru, les 63 grands crus classés, enfin les 11 premiers grands crus classés avec, au premier rang, Ausone et Cheval Blanc.

☐ Les appellations voisines : plusieurs communes situées sur le plateau calcaire peuvent faire suivre leur nom de celui de Saint-Émilion : Montagne (1 500 ha), Saint-Georges (200 ha), Parsac, Puisseguin (700 ha), Lussac (1 300 ha). Sur tous ces terroirs, le merlot domine. Vins proches des saint-émilions et de garde moyenne (4-7 ans).

▄▄▄▄ Pomerol et Lalande-de-Pomerol

☐ Un terroir de graves : plateau recouvert par les dépôts apportés par l'Isle : graves à l'est, nappes de plus en plus sableuses à l'ouest, vers la rivière. Le sous-sol contient des oxydes de fer (la « crasse de fer ») qui typent les vins (odeurs de truffe).

☐ L'AOC Pomerol (750 ha) : le merlot prédomine nettement (95 % à Pétrus !) souvent associé au bouchet. Vins de couleur foncée, corsés, puissants mais souples, qui évoluent vers des arômes de truffe, de gibier et de sous-bois. De très longue garde.

☐ L'AOC Lalande-de-Pomerol : 1 000 ha sur les communes de Néac (sols argilo-graveleux) et de Lalande (sols sablo-graveleux ou sableux). Vins riches et proches des Pomerol.

▄▄▄▄ Le Fronsadais

☐ L'AOC Fronsac : 800 ha sur six communes. Pays de coteaux molassiques aux sols argilo-calcaires. Cépages : merlot prépondérant (de 60 à 70 %), bouchet, cabernet sauvignon.

☐ L'AOC Canon-Fronsac : vins rubis, charnus et puissants, de longue garde, nés sur les pentes argilo-calcaires du fameux tertre de Fronsac.

LES LIEUX ET LES VINS

■ Carte des vignobles du Libournais

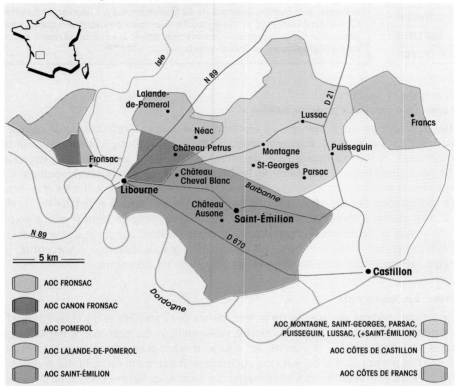

■ Historique

Saint-Émilion. Dès l'époque gallo-romaine, la vigne ! Au VIIIe siècle, Émilion, originaire de Vannes, rejoint une communauté de Bénédictins. Ses miracles firent donner son nom à la ville. Et pendant plusieurs siècles, la vigne sera développée par les moines des nombreux couvents puis par les bourgeois qui, au temps du royaume anglo-saxon (XIIe-XVe siècles), exportent en Angleterre les vins estampillés par la Jurade. Le succès des saint-émilions ira croissant, malgré les nombreuses crises que traversera le vignoble. Aujourd'hui, le tourisme, les expositions, le courageux classement de 1955 contribuent à les placer au premier rang.

Pomerol. Il faut un peu d'imagination pour évoquer les Hospitaliers du Moyen Âge qui accueillaient et abreuvaient les pèlerins de Saint-Jacques. Le superbe vignoble s'est maintenu malgré les heurts de l'histoire, sans esbroufe ni classement. Mais quel terroir ! Quels crus ! Et quels prix !

Fronsac. Le duc de Richelieu, petit neveu du terrible cardinal, est révéré à Fronsac. C'est lui qui, au XVIIIe siècle, fit connaître à Versailles des vins que les Anglais importaient depuis le Moyen Âge.

DU RAISIN AU VIN

LES VINIFICATIONS

LES SPÉCIALITÉS

L'ÉLEVAGE

LES LIEUX

LE CHOIX

Les bordeaux liquoreux

Les bordeaux liquoreux sont produits essentiellement dans le Sauternais, sur la rive gauche de la Garonne ou à Loupiac et Sainte-Croix-du-Mont sur la rive droite. Un micro-climat original, responsable de la fameuse « pourriture noble », crée la parenté entre ces appellations et leurs voisines.

▄▄▄▄ Des raisins « pourris nobles »

☐ Les trois cépages des liquoreux. Le sémillon, sans doute autochtone, est le cépage de base. Son vin est suave et finement aromatique. Le sauvignon, aux jus musqués très aromatiques, le suit. La muscadelle, devenue confidentielle, ajoute sa note muscatée.

☐ La « pourriture noble » : en automne, les brouillards favorisent le développement d'un champignon microscopique, le *botrytis cinerea* qui s'installe sur les pellicules et les troue. La concentration des sucres se fait sans augmentation de l'acidité et le taux de glycérol croît. Les grains, d'abord tachetés de brun, brunissent complètement (« grains pourris pleins ») puis se flétrissent (« grains rôtis »). Ce dernier stade justifie le terme « noble » : ce sont ces grains « pourris nobles » qui donnent les grands liquoreux. La maturité, très inégale, nécessite des tries de grappes, parfois jusqu'en décembre.

▄▄▄▄ Le Sauternais

☐ Le terroir : secteur de croupes de graves, issues des Pyrénées et du Massif central et apportées par la Garonne. Substrat calcaire, sablo-argileux ou marneux. À Barsac, sables rouges sur socle calcaire. À Cérons, les sols sont silico-graveleux ou argilo-calcaires.

☐ L'AOC Sauternes : 1 600 ha, sur cinq communes. Rendement de 25 hl/ha, moût riche en sucre (221 g/l). Jeunes, les Sauternes ont des arômes de fleurs et de fruits. Ils deviennent ensuite onctueux, riches, avec des flaveurs de fruits (agrumes, fruits secs), de fleurs (acacia), de miel et le fameux « goût de rôti ». Vins remarquables, de très longue garde.

☐ L'AOC Barsac : 600 ha. Appellation facultative : les vins peuvent prendre l'AOC Sauternes. Gras et bouquetés, ils évoluent admirablement.

☐ L'AOC Cérons : 100 ha, sur trois communes. Moelleux ou liquoreux de classe.

▄▄▄▄ Les liquoreux de la rive droite

☐ AOC Sainte-Croix-du-Mont et Loupiac : 450 et 300 ha. Falaises calcaires et coteaux accidentés dominant la Garonne. Sols argilo-calcaires. Même encépagement et mêmes conditions de production qu'à Sauternes. Vins gras et séveux, souvent excellents.

☐ AOC Premières Côtes de Bordeaux et Cadillac : ruban de 60 km sur la rive droite de la Garonne. Les falaises calcaires dominent le fleuve. En arrière, sols argilo-calcaires ou graves. Blancs liquoreux de qualité. Les communes méridionales des Premières Côtes ont droit à l'AOC Cadillac pour des vins issus de raisins pourris nobles, ramassés par tries et plus riches.

☐ AOC Côtes-de-Bordeaux-Saint-Macaire : quelque 30 ha de vins moelleux.

LES LIEUX ET LEURS VINS

■ **Cartes des vignobles des bordeaux liquoreux**

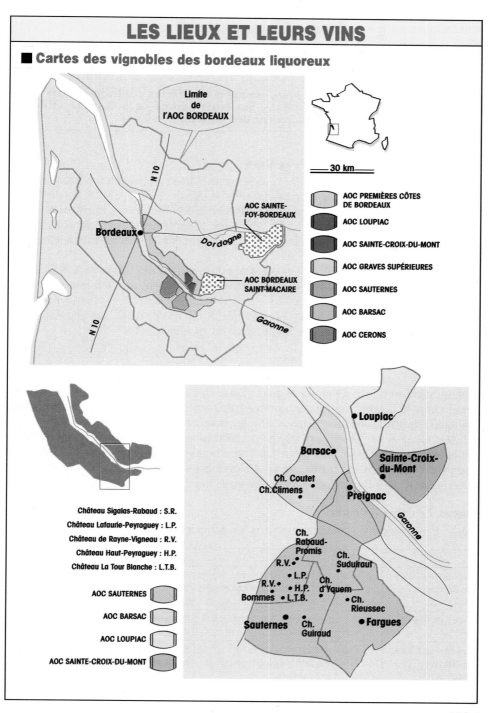

DU RAISIN AU VIN
LES VINIFICATIONS
LES SPÉCIALITÉS
L'ÉLEVAGE
LES LIEUX
LE CHOIX

Entre-Deux-Mers et vins de côtes

> L'Entre-Deux-Mers produit des bordeaux génériques et des vins d'AOC particulières. Sur la rive droite de la Garonne et de la Gironde se succèdent des vignobles de côtes.

La région de l'Entre-Deux-Mers

☐ Un plateau triangulaire : l'Entre-Deux-Mers est un plateau calcaire ou molassique recouvert de sols variés. Paysages de coteaux et de vallons.

☐ Un encépagement classique : en rouge, le merlot domine devant le cabernet sauvignon et le cabernet franc, cépages plus tanniques. Compléments : petit verdot, malbec. En blanc, on retrouve la trilogie bordelaise : sémillon, sauvignon et muscadelle, avec des appoints d'ugni blanc et de colombard.

☐ Les AOC : l'appellation Entre-Deux-Mers ne concerne que des blancs secs, frais et aromatiques (2 500 ha). Les Graves de Vayres (500 ha) occupent une terrasse graveleuse dominant la Dordogne. Les rouges sont corsés, charnus et souples, les blancs secs mais gras et fruités. Sur la rive gauche de la Dordogne, les 150 ha de l'AOC Sainte-Foy-Bordeaux sont dévolus à des rouges et des blancs secs ou moelleux.

Les bordeaux génériques

☐ L'AOC Bordeaux : les bordeaux génériques sont produits dans toutes les parties délimitées de la Gironde et notamment dans l'Entre-Deux-Mers et le nord du département, sur environ 40 000 ha. Les rouges, dominés par le merlot, sont souples, équilibrés, aromatiques, de garde modeste. Blancs simples mais attrayants, nerveux et fruités.

☐ L'AOC Bordeaux supérieur : 10 000 ha des mêmes terroirs mais le rendement est moindre et le degré alcoolique plus élevé. Un grand nombre de petits châteaux à découvrir. Rouges colorés, bien structurés, souvent élevés sous bois. Très peu de blancs.

☐ Autres AOC : les Bordeaux peuvent être aussi des rosés, des clairets, des mousseux.

Les vins de côtes

Même encépagement classique que dans les zones ci-dessus.

AOC	Les terroirs	Les vins
Premières Côtes-de-Bordeaux (3 000 ha)	Un ruban de 60 km sur la rive droite de la Garonne. Les falaises calcaires dominent le fleuve.	Rouges intéressants, souples mais structurés, corsés et fruités, de bonne garde. Blancs moelleux et liquoreux.
Côtes-de-Bourg (350 ha)	Coteaux argilo-calcaires. Les falaises calcaires dominent la Gironde.	Rouges structurés, corsés et fruités, souvent typés et de bonne garde.
Premières Côtes-de-Blaye (3 400 ha)	Calcaires dominant en bordure de l'estuaire. Vers l'est, sols argilo-graveleux et sols sableux-graveleux.	Rouges généreux et souples, fruités et de bonne garde (le malbec peut les typer). Blancs très vifs et aromatiques.
Côtes-de-Blaye	Même terroir.	Uniquement des blancs secs.

LES LIEUX ET LES VINS

■ Cartes des vignobles de l'Entre-Deux-Mers et des vins de côtes

L'Entre-Deux-Mers. Les premiers vignobles furent créés par les Bénédictins dans les clairières de la forêt originelle.
Premières Côtes de Bordeaux. De fondation gallo-romaine.

Bourg et Blaye. Très vieilles traditions viticoles depuis l'âge gallo-romain. Ces vignobles ont produit pendant des siècles les « vins médecins » qui faisaient monter le degré des Médoc.

DU RAISIN AU VIN
LES VINIFICATIONS
LES SPÉCIALITÉS
L'ÉLEVAGE
LES LIEUX
LE CHOIX

Les pays de Loire I

> De Nevers à Tours, sur les coteaux qui dominent la Loire et ses affluents, on peut distinguer trois groupes de très anciens vignobles : ceux du Nivernais et du Berry, ceux des confins de la Touraine, du Loir au nord à Valençay au sud, enfin ceux de la Touraine.

Nivernais et Berry

☐ Le vignoble de Pouilly occupe des coteaux nivernais argilo-calcaires. Le chasselas y donne les blancs légers et noisettés de l'AOC Pouilly et le sauvignon les blancs nerveux à goût de pierre à fusil de l'AOC Pouilly fumé.

☐ Le vignoble de Sancerre : sur les coteaux élevés et pentus de la rive gauche de la Loire, le sauvignon fait merveille sur les sols calcaires, argilo-calcaires ou cailouteux. Blancs secs vifs et typiques du cépage. Production intéressante de rouges de pinot.

☐ Les vignobles du Cher : les AOC discontinues de Reuilly, Quincy et Menetou-Salon produisent des sauvignons typés. Rouges et rosés de pinot. Le VDQS Chateaumeillant désigne des rouges de pinot ou de gamay et le célèbre « gris » (rosé de gamay).

Aux confins de la Touraine

☐ De Cosne à Blois. Trois VDQS : les Coteaux du Giennois (gamay, pinot, sauvignon), l'Orléanais, et son « gris meunier », le Cheverny (blanc de romorantin et de chenin).

☐ Les pays du Loir. Un VDQS, les Coteaux-du-Vendomois (bons rosés de pineau d'Aunis, blancs de chenin), une AOC régionale, les Coteaux-du-Loir (blancs de chenin, rouges de pineau d'Aunis) et l'étonnant Jasnières, un blanc de chenin de longue garde.

☐ Le Valençay : sur la rive sud du Cher, un microvignoble produit ce VDQS en trois couleurs (cabernets, cot, pinot rouge, sauvignon et chardonnay).

La Touraine

☐ Terroirs et cépages : la Touraine viticole est un pays de plateaux, de coteaux et de terrasses fluviales au sous-sol de tuffeau, une craie plus ou moins dure. Quatre types de sols : « aubuis » argilo-calcaires, « perruches » ou sols d'argiles à silex, sables légers issus du Massif central, comme à Mesland, « varennes » ou sols graveleux des terrasses (Montlouis, Bourgueil, Chinon). Cépages rouges : cabernet franc et gamay dominent, suivis par le cabernet sauvignon, le cot (ou malbec), le pinot de Bourgogne, le pineau d'Aunis, le grolleau. Cépages blancs : le fameux chenin, le sauvignon et le chardonnay.

☐ Les vins tourangeaux. Les AOC Touraine (5 000 ha), Touraine-Amboise (200 ha), Touraine-Mesland (200 ha) et Touraine-Azay-le-Rideau (60 ha) utilisent tous les cépages cités. Les rouges sont légers et aromatiques, les rosés gouleyants, les blancs secs très divers selon les cépages utilisés. Avec les AOC Vouvray (2 300 ha) et Montlouis (400 ha), le chenin triomphe et donne des blancs secs, demi-secs, moelleux ou effervescents d'une finesse remarquable et d'une belle longévité. Le cabernet franc est le grand cépage des Bourgueil (1 100 ha), des Saint-Nicolas-de-Bourgueil (800 ha) et des Chinon (1 800 ha) : rouges souples et aromatiques sur sols graveleux, puissants et tanniques sur sols argilo-calcaires. Quelques blancs à Chinon.

LES LIEUX ET LES VINS

■ **Carte des vignobles du pays de Loire (est)**

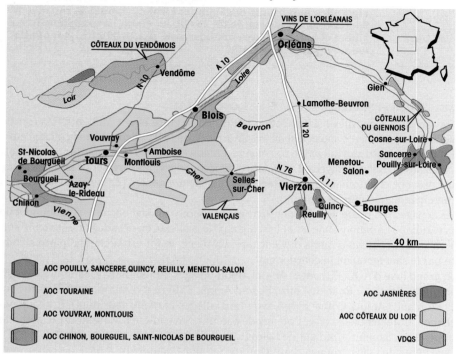

■ **Historique**

Les premiers vignobles furent des créations monastiques, du VIe au IXe siècle.

Du XIe au XIIIe siècle, les vignobles sont en essor et les vins d'Orléans profitent de la proximité de Paris. À partir de l'abbaye de Marmoutiers, la vigne plantée par les moines s'étend en Touraine.

Du XIVe au XVIe siècle, le cabernet franc, c'est-à-dire le « breton » dont a parlé Rabelais, est implanté à Bourgueil et Chinon et le chenin s'étend dans tous les pays de Loire.

Les vignobles florissants se développeront jusqu'au désastreux phylloxéra, vers 1890. Mal replanté, le vignoble rétrécit et périclite. Jusqu'à l'époque contemporaine où les efforts pour la qualité, indéniables, portent actuellement... leurs fruits.

■ **Le Vouvray**

Peut-être Saint-Martin planta-t-il une vigne à Vouvray, dès le IVe siècle. Depuis, le chenin a fait ses preuves. Superbes arômes de raisin frais, de coing et d'acacia, fraîcheur, longueur étonnante, telles sont les qualités du Vouvray qui, par ailleurs, prend si bien la mousse. Et c'est un vin de longue garde. Dans les caves et les galeries creusées dans le tuffeau, on vinifie et on élève des vins déclinés en plusieurs versions, des secs aux effervescents de méthode champenoise. Les moelleux, issus de la surmaturation et de la fameuse « pourriture noble » que permet le climat ligérien, sont particulièrement attachants.

DU RAISIN AU VIN
LES VINIFICATIONS
LES SPÉCIALITÉS
L'ÉLEVAGE
LES LIEUX
LE CHOIX

Les pays de Loire II

De Saumur à Nantes et à l'Atlantique, la Loire traverse deux vignobles importants et célèbres : l'Anjou, auquel se rattache le Saumurois, un ensemble de 16 000 ha établi essentiellement en Maine-et-Loire, le Pays nantais, avec ses 10 000 ha, essentiellement en Loire-Atlantique.

▅▅▅ Anjou et Saumurois

□ Les terroirs : vignobles sur les coteaux bordant la Loire et ses affluents. L'ouest de l'Anjou, dit Anjou « bleu », appartient au Massif armoricain (sols silico-schisteux ou argileux). À l'Est d'un axe nord-sud qui passe par Angers, l'Anjou « blanc » et le Saumurois ont des sols calcaires nés du tuffeau crayeux. La fameuse « douceur angevine » caractérise le climat : printemps précoce et automne doux propice à la « pourriture noble » (dessication des raisins par un champignon microscopique).

□ Les cépages : en rouge, le cabernet franc et le cabernet sauvignon, en essor, donnent de bons résultats. Le gamay aime les sols schisteux, le grolleau, en décadence, est vinifié surtout en rosé, le pineau d'Aunis devient rare. En blanc, le roi est le chenin, parfois complété par le sauvignon ou le chardonnay.

□ Un grand luxe d'AOC. En rouge : Anjou, Anjou-Villages, Anjou-Gamay, Saumur, Saumur-Champigny. En rosé : Rosé-de-Loire, Rosé-d'Anjou, Cabernet-d'Anjou, Cabernet-de-Saumur. En blanc : Anjou, Coteaux-du-Layon (six villages ajoutent leur nom), Coteaux-de-l'Aubance, Coteaux-de-la-Loire, Coteaux-de-Saumur, Savennières. Mousseux de méthode champenoise : Saumur, Crémant de Loire (très stylés).

□ Caractères des vins : rouges d'Anjou et de Saumur-Champigny, à base de cabernets : charnus, fins, aromatiques, de bonne garde. Rosés secs de Loire, demi-secs d'Anjou (grolleau), Cabernets d'Anjou demi-secs ou moelleux. Blancs secs : Anjou et Saumur typés, de bonne garde (chenin complété par le chardonnay et le sauvignon), le très racé Savennières, de pur chenin. Grands moelleux et liquoreux de chenin, de longue garde : Coteaux-du-Layon, Quarts-de-Chaume, Bonnezeaux.

▅▅▅ Le Pays nantais

□ Terroirs et cépages : terrains anciens du Massif armoricain granites, gneiss, schistes), d'où les sols cailloteux, siliceux ou argilo-siliceux. Climat océanique très clément. Deux cépages blancs : le muscadet (ou melon de Bourgogne), le gros plant (ou folle-blanche).

□ Trois AOC : Muscadet (1 000 ha au sud de Nantes), Muscadet des coteaux de Loire (500 ha vers Ancenis) et, la plus cotée, Muscadet-de-Sèvre-et-Maine (8 500 ha). Vins de classe, vifs, fins, bouquetés (notes minérales, agrumes, fleurs), parfois perlants.

□ Deux VDQS. Le gros plant occupe 3 000 ha dans la zone des trois muscadets et le pays de Retz. Vins presque incolores, vifs et rustiques, souvent excellents. Les Coteaux-d'Ancenis (300 ha) sont des blancs alertes (muscadet, gros plant, chenin) ou des rouges légers de gamay et de cabernet.

□ Vendée et Poitou. Les VDQS Fiefs vendéens (380 ha) sont rouges (gamay, pinot, cabernets) ou blancs (chenin). Les VDQS Haut-Poitou sont d'excellents blancs de sauvignon.

118

LES LIEUX ET LES VINS

■ Carte des vignobles du pays de Loire (ouest)

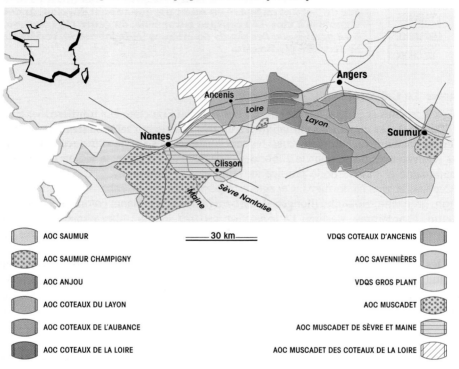

AOC SAUMUR		
AOC SAUMUR CHAMPIGNY		
AOC ANJOU		
AOC COTEAUX DU LAYON		
AOC COTEAUX DE L'AUBANCE		
AOC COTEAUX DE LA LOIRE		

— 30 km —

VDQS COTEAUX D'ANCENIS
AOC SAVENNIÈRES
VDQS GROS PLANT
AOC MUSCADET
AOC MUSCADET DE SÈVRE ET MAINE
AOC MUSCADET DES COTEAUX DE LA LOIRE

■ Historique

— D'origine monastique, les vignobles d'Anjou connaissent un beau développement du xᵉ au xIIIᵉ siècle, grâce à un plant excellent : le chenin.

Du xIVᵉ au xVIᵉ siècle, le chenin reste le roi mais le cabernet franc, appelé « breton » parce que ce plant aquitain est arrivé par Nantes, et le pineau d'Aunis (ou chenin rouge) répondent à la demande de vins clairets. Après les vicissitudes de la guerre de Cent Ans et des guerres de religion, les Hollandais facilitant le rétablissement en facilitant l'exportation. Prospère jusqu'au phylloxéra, le vignoble angevin ne se remet de cette crise qu'au début du xxᵉ siècle.

— L'histoire des vins du Pays nantais est sensiblement différente. À l'abri des guerres, le vignoble progresse du xIVᵉ au xVIᵉ siècle, à partir d'un gros plant que les Bretons apprécient. Et l'octroi d'Ingrandes protège le pays de la concurrence des vins d'amont.

C'est après le terrible hiver de 1709 que le melon de Bourgogne, apparu vers 1630, s'impose : le muscadet est né ! Son succès s'affirme peu à peu mais sa popularité irrésistible date de 1930 : Paris l'adopte !

Les vins dans le monde

En dehors de l'Europe, c'est essentiellement en Amérique, en Afrique du Nord et du Sud et en Australie que se sont développés des vignobles à vins. Les cépages européens, du genre *vitis vinifera*, sont greffés sur des plants américains (*vitis labrusca*), résistants au terrible phylloxéra.

La Californie

☐ Les vignobles occupent 260 000 ha, du nord de San Francisco à la frontière mexicaine (1 500 km !). Les conditions climatiques sont très différentes selon la latitude, la proximité du Pacifique ou l'altitude. Aussi les spécialistes ont-ils « zoné » cinq régions et établi des équivalences utiles pour le choix des cépages. Par exemple, la région I rappelle la Champagne et s'avère donc propice au pinot et au chardonnay.

☐ Cépages et vins californiens. Cépages européens : en rouge, cabernets, merlot, pinot, syrah, grenache, zinfandel (hongrois), barbera (italien) ; en blanc, colombard, sémillon, chenin, chardonnay, riesling. La législation est très souple : libre choix des cépages, de la densité de plantation, de l'irrigation et des rendements, souvent fort élevés. Les techniques françaises de vinification et d'élevage sous bois sont largement adoptées par les « vineries » coopératives ou industrielles. Dans ces conditions, la Californie produit à la fois des vins courants et des vins fins. Citons parmi les meilleurs secteurs : Napa Valley, Sonoma, Mendocino (vallées au nord de San Francisco), Santa Cruz, Salinas Valley, Santa Barbara.

Le Chili

☐ Le vignoble chilien. Ses 120 000 ha s'étendent de Valparaiso à Santiago et, au sud, de la capitale à Talca. Les vignes occupent les pentes de la cordillière des Andes qui, semble-t-il, a joué un rôle de barrage contre le phylloxéra et le mildiou, maladies inconnues ici.

☐ Les vins fins, excellents, sont issus des cépages français : cabernet sauvignon, en essor, merlot, malbec, pinot et, en blanc, sauvignon, sémillon, chardonnay et riesling.

L'Afrique du Sud

☐ Le vignoble d'Afrique du Sud. Ses 120 000 ha se situent dans le sud de la province du Cap, sur des collines aux sols d'arènes granitiques ou de type schisto-gréseux.

☐ L'encépagement à base de plants français, une bonne technologie et une législation sérieuse favorisent l'obtention de vins de qualité.

L'Australie

☐ Le vignoble australien occupe surtout le sud et le sud-est du pays.

☐ Cépages européens : cabernet sauvignon, syrah, grenache, sémillon, chardonnay, trebiano (l'ugni blanc), muscats. Meilleurs secteurs : Hunter Valley (blancs de sémillon, rouges de syrah), Corowa-Rutherglen, Coonawarra-Padthaway (rouges de cabernet sauvignon, blancs de sémillon), Barossa Valley.

LES LIEUX ET LES VINS

■ Carte des vignobles d'Amérique du Nord

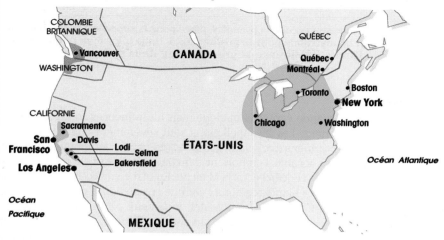

 ZONE DE *VITIS VINIFERA* (Plants européens greffés sur plants américains)

 PRÉDOMINANCE DES VIGNES AMÉRICAINES INSENSIBLES AU PHYLLOXERA

■ Historique

— La création et le développement des vignobles d'Amérique est lié à la colonisation et à l'évangélisation qui en résulte. Les conquistadors apportèrent les premiers plants, comme le païs chilien, la criolla argentine et le mission de Californie.

C'est aux XIXᵉ et XXᵉ siècles que se constituèrent les grands vignobles actuels.

— La colonisation est également à l'origine des vignobles africains. En Afrique du Sud, au XVIIᵉ siècle, les colons hollandais puis les protestants français après la révocation de l'Édit de Nantes, plantèrent des cépages européens. Les fameux muscats de Groot Constantia furent longtemps exportés en Angleterre. Ruiné par le phylloxéra, le vignoble d'Afrique du Sud se porte très bien aujourd'hui.

Au Maghreb, les vignobles sont de création française. Ainsi en Algérie, dans les années 1880, les colons originaires des régions viticoles (Alsaciens, vignerons du Midi ruinés par le phylloxéra) créèrent un vignoble de masse mais aussi les vignobles de vins fins de Mascara, de Tlemcen et des coteaux proches de la Mitidja. C'est ce vignoble qui subsiste aujourd'hui. En Tunisie et au Maroc, la situation est identique.

— Au début du XIXᵉ siècle, les Britanniques d'Australie emmenèrent avec eux des plants européens. Telle est l'origine du premier vignoble, dans la région de Sydney. Dans la région de Barossa Valley, l'empreinte allemande est nette (blancs secs ou moelleux). À signaler la création récente d'un vignoble en Nouvelle-Zélande.

— L'Asie et le Moyen-Orient sont fort discrets en fait de vins. En effet, les vignobles de l'Est asiatique sont très secondaires et ceux du Moyen-Orient, en pays musulman, sont plutôt dévolus aux raisins de table et aux raisins secs. Exceptions intéressantes : Afghanistan, Iran, Irak et, surtout, la Turquie et Israël.

DU RAISIN AU VIN

LES VINIFICATIONS

LES SPÉCIALITÉS

L'ÉLEVAGE

LES LIEUX

LE CHOIX

L'Espagne, le Portugal, l'Italie

> **L'Espagne occupe la première place pour la superficie (1 500 000 ha) et la quatrième pour la production. L'Italie (plus d'un million d'ha) dispute à la France le premier rang de la production.**

L'Espagne

☐ Le vignoble espagnol : grande variété climatique mais les influences continentales ou méditerranéennes l'emportent. Les 29 appellations sont sévèrement contrôlées.

☐ Les cépages. En rouge : cariñena (carignan), garnacha (grenache), tempranillo et bobal, associés à des cépages plus locaux, l'emportent dans la moitié nord, le monastrel en Catalogne et dans le Levant, le cencibel dans la Manche. En blanc : maccabeo et grenache blanc dominent, suivis par des plants régionaux comme le treixudura de Galice (climat océanique), le parelleda de Catalogne, le moscatel, le fameux palomino de Jerez.

☐ Les vins célèbres : les vins de la Rioja, dans la vallée de l'Ebre (zone de 120 km de long et de 40 de large) sont les plus prestigieux. En Catalogne, les vins du Penedes (carignan, grenache, mazuela) l'emportent. La Mancha et le Levant sont surtout des vignobles de masse. La région du Duero est riche d'avenir (tempranillo, garnacha et aussi cabernet sauvignon, merlot et malbec). L'Andalousie est surtout connue pour le jerez.

Le Portugal

☐ Le vignoble portugais : un climat de type océanique chaud, des coteaux bien exposés, des sols maigres, une législation sérieuse : les vins portugais ont de l'avenir.

☐ Les cinq zones de production : « vinhos verdes » du nord (blancs, rouges), Douro (porto), Dão (rouges de garde), région de Lisbonne (Colares rouge, Bucellas blanc, muscat de Setubal), île de Madère (page 60).

L'Italie

☐ Le vignoble italien : si le nord est alpin et continental, le centre et le sud sont méditerranéens. Grande variété de situations et de cépages autochtones. La législation se veut stricte (Denominazione di origine controllada et garantita pour les meilleurs vins) mais elle n'est pas toujours respectée et certains rendements restent pléthoriques.

☐ Les cépages : en rouge, les plus intéressants sont le sangiovèse, le nebbiolo, le barbera, le lambrusco et un nombre important de plants régionaux. Merlot, cabernet sauvignon et pinot gagnent du terrain dans l'Italie du Nord. En blanc, le trebiano l'emporte.

☐ Les vins célèbres : en Italie du Nord, le Barolo et le Barbaresco, rouges de nebbiolo, sont de grands vins de garde. L'Asti spumante est le mousseux italien et le Lambrusco d'Émilie Romagne est un rouge légèrement pétillant. L'Italie centrale a pour meilleurs représentants le chianti (cépage majoritaire : le sangiovese) dont le meilleur est le chianti classico, le Brunello de Montalcino (cépage brunello), tous deux rouges et, en blanc, le Vernaccia di San Giminiano et le Frascati. La Sicile produit un VDN : le Marsala.

LES LIEUX ET LES VINS

■ Carte des vignobles espagnols, portugais

■ Carte du vignoble italien

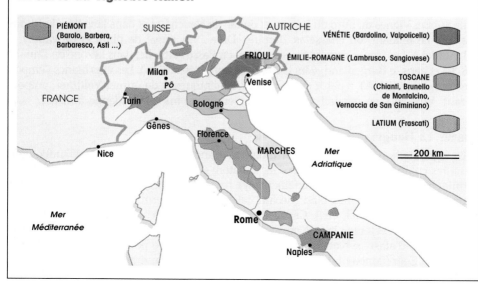

L'Europe centrale

De très anciens vignobles voués surtout aux vins blancs : telle est la caractéristique des pays d'Europe centrale. La Hongrie est en tête, avec ses 140 000 ha, suivie de l'Allemagne (102 000), de l'Autriche et de la Tchécoslovaquie (environ 50 000 chacune). Le vignoble suisse occupe 15 000 hectares.

▆▆▆ L'Allemagne

☐ Le vignoble allemand occupe les versants escarpés et bien exposés des vallées du Rhin, de la Moselle et de leurs affluents, dont les eaux jouent un rôle de réflecteur thermique.
☐ Les cépages. En blanc, le müller-thurgau (croisement sylvaner X riesling) occupe le quart du vignoble. Le riesling le suit de près (21 %). Ensuite, par ordre décroissant, on trouve le sylvaner, le kerner (croisement riesling X trollinger rouge), le scheurebe (autre croisement sylvaner X riesling), le ruländer (pinot gris). En rouge : spätburgunder (pinot de Bourgogne), portugieser originaire du Danube et trollinger.
☐ Terroirs célèbres. Dans la zone Mosel-Saar, entre Trèves et Coblence, le riesling et le müller-thurgau, sur les sols schisteux, donnent des vins racés et délicats. Le Rheingau, aux sols schisteux ou quartzeux, est protégé du nord par le Taunus : expression superbe du riesling (90 % de la surface). Vallée de la Nahe (sols de loess, de quartzites, de porphyre) : blancs fruités et subtils de riesling, müller-thurgau ou sylvaner. Le Rheinhessen occupe le quart du vignoble allemand : sols et vins variés (blancs et quelques rouges). Le Steinwein est le cru le plus coté de Franconie, pays de blancs. Les vins rouges ne sont prépondérants que dans la vallée de l'Ahr (bons pinots).

▆▆▆ Suisse et Autriche

☐ La Suisse. Vignes au bord du Léman et du lac de Neuchâtel et dans la vallée du Rhône (Valais). Le fendant, ou chasselas, domine. Dôle : vin rouge de pinot et de gamay.
☐ L'Autriche. Les vignes sont localisées surtout en Basse Autriche, dans la zone du Danube (58 %) et dans le Burgenland, vers la frontière hongroise (36 %). Les vins blancs l'emportent nettement (80 %), à partir des cépages germaniques et du grüner Veltliner, prépondérant. Vins secs en général vifs et fins, splendides vins de vendange tardive.

▆▆▆ La Hongrie

☐ Le vignoble hongrois occupe pour moitié la grande plaine sableuse du Danube mais aussi les collines situées sur un axe lac Balaton — terroir de Tokay. Cépages blancs : furmint (prépondérant dans le fameux tokay), harslevelu, ezerjo, szurkebarat (pinot gris), leanyka, plants autochtones, olasz (riesling italien) et plants germaniques (sylvaner, müllerthurgau, muscat ottonel, etc.). Cépages rouges : kadarka des Balkans, kekfrankos.
☐ Les meilleurs secteurs : la rive ouest du lac Balaton (moelleux de pinot gris de Badacsony, blancs d'olasz, sylvaner, muscat de Balatonfüred) ; le petit district de Somlo ; le vignoble d'Eger (fameux bikaver rouge, le « sang de taureau », assemblage de kadarka, de kekfrankos, de merlot et de cabernet franc) ; le célèbre vignoble de Tokay (p. 58).

LES LIEUX ET LES VINS

■ **Cartes des vignobles allemand et hongrois**

Historique

L'Allemagne. Le vignoble allemand est de création romaine. C'est du Xe au XIIIe siècle que fut édifié le système de terrasses qui dominent les vallées : les ordres monastiques ont littéralement « construit » le vignoble. Du XIIIe au XVe siècle, les vins rhénans sont massivement exportés par Cologne, qui dispute à Bordeaux la place de premier marché européen.

Malgré la guerre de Trente Ans et les crises du XIXe siècle, un vignoble de qualité s'est maintenu sur les terroirs les plus propices.

125

Des Balkans au Caucase

De l'Adriatique au Caucase, en passant par la Grèce, de nombreux pays possèdent d'importants vignobles : 230 milliers d'ha pour l'ancienne Yougoslavie, 270 pour la Roumanie, 140 pour la Bulgarie et 170 pour la Grèce. Les républiques de la C.E.I. (ancienne U.R.S.S.) totalisent plus d'un million d'ha.

▬▬▬ Slovénie, Croatie, Serbie

☐ La Slovénie : au nord de l'ancienne Yougoslavie, la Slovénie bénéficie d'un climat tempéré. Zone de la Drave : blancs secs de Ljutomer, à base de cépages germaniques, de sipon (= furmint hongrois), de malvoisie ou de sauvignon. Zone de la Save : un bon rosé de cviček, cépage autochtone. Zone de l'Adriatique : rouges de teran et de merlot.
☐ La Croatie : la zone intérieure, continentale, produit surtout des blancs de cépages germaniques, de sémillon et de sauvignon. La Dalmatie produit toutes sortes de vins à partir de plants autochtones : rouges de plavac, majoritaires, blancs secs de pošip et de marastina, liquoreux de prosek passerillé (desséché). Istrie : rouges de cabernet, de merlot, blancs de malvoisie et de muscat.
☐ La Serbie : près de la moitié des vignobles de l'ancienne Yougoslavie, dans le secteur des vallées du Danube et de la Drave. Beaucoup de vins courants rouges et rosés des cépages prokupac et plovdina (vins de cépages ou d'assemblage). Plantations de gamay et de cabernets. Blancs secs acceptables (riesling italien, traminer, sauvignon).

▬▬▬ La Roumanie

☐ Le vignoble roumain : le climat continental chaud est localement adouci par l'altitude ou la proximité de la mer Noire. Meilleurs terroirs au nord-est, au sud et à l'est des Carpathes. Les vins sont en majorité blancs, à partir des cépages autochtones feteasca et tamiioasa (un muscat) et des cépages importés : chardonnay, riesling (surtout italien), traminer, muscat ottonel. Même situation en rouge : le babeasca local (frais, épicé, fruité) voisine avec le cabernet sauvignon, le merlot et le pinot noir.
☐ Terroirs et vins célèbres : en Moldavie, les cépages autochtones donnent de bons blancs secs et le célèbre cotnari, vin liquoreux du type tokay. En Transylvanie, sur les deux rives du Tirnave, belles expressions du feteasca, du traminer et des muscats. Au sud des Carpathes, très importants vignobles. À signaler les bons rouges de cabernet sauvignon et de pinot de Dealul Mare et, sur des sols de sable, le babeasca de Nocoresti. Les murfatlar de la Dobroudja peuvent être des secs de chardonnay ou des muscats.

▬▬▬ La Bulgarie

☐ Le vignoble bulgare : l'altitude compense la chaleur d'un climat continental méridional. Le vignoble est orienté vers la production de vins de cépages massivement exportés.
☐ Cépages et vins : en blanc, le dimiat est largement utilisé mais les variétés internationales l'emportent : sylvaner et riesling, furmint hongrois, reatzitelli géorgien. Le misket, un muscat rouge, donne d'excellents vins à Karlovo (centre du pays), dans le nord et vers la mer Noire. En rouge, trois cépages indigènes : gamza, navrud et pamid.

LES LIEUX ET LES VINS

■ Le vignoble roumain

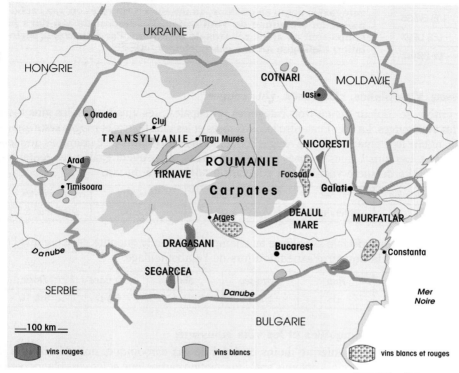

UKRAINE

HONGRIE

COTNARI

MOLDAVIE

Iasi•

• Oradea

Cluj•

TRANSYLVANIE • Tirgu Mures

NICORESTI

Arad•

ROUMANIE

TIRNAVE

Focsani•

Timisoara•

Carpates

Galati•

•Arges

DEALUL
MARE

MURFATLAR

DRAGASANI

Bucarest•

•Constanta

Danube

SEGARCEA

SERBIE

Danube

Mer
Noire

100 km

BULGARIE

vins rouges   vins blancs   vins blancs et rouges

■ Les pays de la CEI

La Moldavie. Énorme vignoble de 200 000 ha. Vins rouges de pinot, blancs de cépages européens ou roumains (feteasca).

L'Ukraine. 170 000 ha. La Crimée produit les meilleurs vins : massandra, vins vinés.

La Russie. 150 000 ha en deux secteurs : le Don et la zone de la mer Noire. Bons vins vinés de type porto.

La Géorgie. 120 000 ha. Blancs secs acceptables. Bons rouges du cépage saperavi. Vins mousseux.

L'Arménie. Elle est sans doute le berceau des vignes européennes (*vitis vinifera*). Vins vinés. 30 000 ha.

L'Azerbaïdjan. récent vignoble de raisins de cuve. Bon rouge, blancs doux, vins vinés.

127

DU RAISIN AU VIN
LES VINIFICATIONS
LES SPÉCIALITÉS
L'ÉLEVAGE
LES LIEUX
LE CHOIX

Les types de vins

Chaque vin est une entité particulière mais il entre dans plusieurs catégories selon sa couleur, sa teneur en sucre et en gaz carbonique. La technique de vinification, l'évolution du vin dans le temps sont d'autres critères de définition. Par ailleurs, la législation distingue quatre catégories de vin.

Vins blancs, vins rosés, vins rouges

Le critère de couleur définit trois catégories principales : les vins blancs, les vins rosés et les vins rouges. La frontière entre les vins rosés et les vins blancs et rouges reste imprécise, même légalement. Les vins rouges sont des vins secs (moins de 2 grammes de sucre par litre). Les vins blancs et rosés peuvent être secs, ils peuvent également renfermer une quantité de sucre variable qui concourt à l'onctuosité du vin.

Dénomination	Sec	Demi-sec	Moelleux	Liquoreux
Sucre g/l	inférieur à 2	20 à 30	30 à 50	supérieur à 50

Une classification spéciale s'applique au champagne selon la quantité de sucre que l'on incorpore dans la liqueur d'expédition lors de l'embouteillage.

Dénomination	Brut	Extra-sec	Sec	Demi-sec	Doux
Sucre en %	0	1 à 2	2 à 4	4 à 6	8 à 10

Les vins tranquilles et les vins mousseux

Un vin dit tranquille renferme moins de 1 g/l de gaz carbonique, non décelable à la dégustation. Les vins rouges obtenus après macération carbonique et les vins blancs perlés présentent une concentration légèrement plus élevée qui renforce les sensations de fraîcheur et de fruité. Les vins mousseux ont une teneur importante en gaz carbonique, qui provoque un pétillement du vin et exige l'utilisation de bouteilles renforcées et de bouchons muselés.

Les vinifications spéciales

Certaines techniques apportent aux vins des caractères particuliers : macération carbonique ou pelliculaire, cuvaison longue, passage sous bois, conservation sur lies.

La capacité au vieillissement

Les vins blancs sont généralement destinés à être bus rapidement : leur fraîcheur et leur arôme fruités s'altèrent avec le temps. Leur faible teneur en tanins protecteurs peut être compensée par un élevage en barrique pour une conservation plus longue. Les vins liquoreux, vins de garde, demandent à vieillir pour que leurs arômes s'expriment pleinement. Les vins rouges primeurs obtenus après macération carbonique et cuvaison courte sont dégustés jeunes. Les vins rouges de garde, après une cuvaison longue et un éventuel élevage en barrique, peuvent se bonifier pendant de nombreuses années.

■ Les classifications légales

La définition légale de quatre catégories hiérarchise les vins en fonction d'une recherche de qualité.

Les vins de table : ces vins sont obtenus à partir des vignes souvent hautement productives. Les vins de table français sont produits principalement dans le Midi de la France et assemblés parfois avec des vins d'autres pays de la communauté. La consommation des vins de table décroît régulièrement.

Les vins de pays : la catégorie « vin de pays » a été établie initialement pour distinguer les meilleures productions de vins de table. Les zones de production sont limitées géographiquement, ce qui leur confère une identité appréciée des consommateurs. Les vins de pays sont des vins « authentiques », vivant reflet de leur terroir. Ils sont agréables, et sont à boire généralement jeunes.

Les vins délimités de qualité supérieure : la dénomination vin délimité de qualité supérieure (VDQS) s'applique à des vins de bonne facture. Pour récompenser les efforts de qualité, certains VDQS ont pu accéder à la catégorie prestigieuse des vins d'appellation contrôlée.

Les vins d'appellation d'origine contrôlée : les vins d'appellation d'origine contrôlée (AOC) rassemblent les meilleurs vins et offrent les garanties de production au sein de zones strictement délimitées. Ces vins comprennent aussi bien des appellations génériques recouvrant une région que des appellations restreintes à une ou plusieurs communes et même à une parcelle.

■ Les classements

Au sein d'une même région viticole, les classements peuvent hiérarchiser la qualité des vins produits. En Bourgogne, la classification s'applique à l'échelle des parcelles de vigne et non à une propriété viticole. En 1855, un classement des vins de Bordeaux est effectué pour la foire universelle de Paris. Les négociants prennent pour critère de classement le prix de vente des vins. Les meilleures propriétés viticoles sont ainsi hiérarchisées en premier, deuxième, troisième, quatrième, cinquième grand cru pour les vins rouges. Les vins blancs de Sauternes et de Barsac ont été ordonnés en premier grand cru, premier cru, second cru. Ce classement toujours en vigueur est pertinent car les prix d'achat de l'époque illustraient déjà la qualité des terroirs. Les meilleurs saint-émilions sont classés depuis 1955 en premier cru et grand cru ainsi que les graves, crus classés depuis 1959. Seule la classification des crus de Saint-Émilion est révisée tous les dix ans.

■ Les vins médaillés

Un jury composé de professionnels du vin et d'amateurs éclairés attribue des médailles par appellation aux meilleurs vins présentés lors des concours. Certaines propriétés déjà réputées ou dont le produit est bien établi sur le marché n'éprouvent pas la nécessité de concourir. Aussi, si une médaille est souvent révélatrice d'un bon produit, elle ne récompense pas nécessairement les meilleurs vins de l'appellation.

Le concours le plus renommé est le concours général agricole de Paris. D'autres concours ont une portée plus régionale comme ceux des foires de Mâcon, de Colmar, de Bourg-sur-Gironde, de Bordeaux.

DU RAISIN AU VIN
LES VINIFICATIONS
LES SPÉCIALITÉS
L'ÉLEVAGE
LES LIEUX
LE CHOIX

Le vin produit garanti

Une législation stricte réglemente les différentes étapes de la production du vin et définit la plantation et les rendements. La vinification doit aboutir à un degré d'alcool minimal, et ne tolère l'adjonction que de quelques produits. Une législation spécifique s'applique par catégorie de vin.

La réglementation concernant le vignoble

□ L'établissement du vignoble : pour bénéficier du nom de l'appellation (vin de pays, VDQS, AOC), le vignoble doit être implanté au sein d'une aire d'appellation délimitée géographiquement par décret. Les terrains de mauvaise qualité en sont exclus. Pour limiter la production, un viticulteur n'est autorisé à planter de nouvelles vignes que s'il a par ailleurs arraché une surface équivalente de son vignoble. Les variétés de vigne pouvant être plantées dans une appellation donnée sont réglementées pour conserver au vin de la région sa typicité.
□ Les rendements : la production maximale autorisée à l'hectare est limitée, tout excédent est obligatoirement envoyé à la distillerie qui récupère l'alcool.

Le contrôle de la vinification

□ Un degré minimal est imposé au vin. L'enrichissement en sucre du raisin pour augmenter le degré naturel n'est autorisé que dans certaines régions, et est limité.
□ Le contrôle des adjuvants : les produits que l'on peut ajouter au vin sont en nombre réduit. Il s'agit du sucre, du soufre, des levures, des colles de clarification, des acidifiants, des désacidifiants, des traitements contre les casses. Il est formellement interdit d'introduire de l'eau, des extraits d'arômes, de l'alcool (sauf pour les vins vinés). Le vin peut être considéré comme une boisson hautement hygiénique.

La législation applicable aux différentes catégories de vin

□ Les vins de table ne peuvent bénéficier d'une dénomination géographique hormis celle de leur pays d'origine. Rendements maximum et degrés minimaux sont réglementés.
□ Les vins de pays sont soumis à une législation plus contraignante. Leur zone de production est délimitée et les rendements sont contrôlés. L'agrément ou labellisation pour l'appellation vin de pays est soumis à une dégustation d'experts.
□ Les vins délimités de qualité supérieure (VDQS) et les vins d'appellation d'origine contrôlée (AOC) ont des contraintes d'encépagement, de rendement, de limites géographiques, d'agrément des vins plus strictes pour garantir des vins de qualité.

La législation des stocks et du transport des vins

Pour éviter tout trafic (changement illicite d'appellation, mise sur le marché d'excédents ou de vins impropres à la consommation) le législateur a instauré un système de contrôle des stocks et du transport. Chaque année, le viticulteur doit déposer en mairie une déclaration définissant précisément le volume de vin récolté ainsi que le volume de son stock. Le vin ne peut circuler qu'accompagné de pièces administratives appelées congé, DCA ou acquit. Pour le transport, les bouteilles peuvent être munies de capsules-congés.

LÉGISLATION ET CONTRÔLE DES VINS

Pour répondre aux attentes des consommateurs très sensibles au respect des méthodes traditionnelles et pour éviter que les fraudes ne ternissent l'image de la production viticole, une législation très scrupuleuse s'est mise en place avec un souci majeur : le respect du consommateur.

■ Historique

Dès le Moyen Âge, certains cépages médiocres sont interdits. On commence à différencier les vins selon leur provenance. Il faut attendre le XXe siècle pour qu'une législation réglemente la production viticole. Limiter les fraudes, éviter la surproduction pour accroître la qualité sont les grandes lignes directrices.

- 1895 : la pratique du mouillage, c'est-à-dire l'ajout d'eau au vin est sanctionnée.
- 1903 : la déclaration de récolte est obligatoire.
- 1905 : l'office national de la répression des fraudes est créé.
- 1905 : les régions de production sont délimitées légalement et font référence à des vins produits selon « des usages locaux, loyaux et constants ».
- 1935 : les plantations sont limitées, la culture de certains cépages hybrides est interdite. On définit la catégorie des vins d'appellation d'origine contrôlée. L'institut national des appellations contrôlées réglemente et contrôle leurs productions.
- 1949 : une autre catégorie de vin est définie : les vins délimités de qualité supérieure (VDQS).
- 1964 : on crée la catégorie des vins de pays.
- À partir de 1970, date de la mise en place du Marché commun, la législation viticole française, la plus stricte, va inspirer nombre de textes promulgués par la CEE.

■ Les scandales récents

Largement rapporté par les médias, le scandale des vins frelatés italiens ternit longtemps l'image de marque de toute la production vinicole italienne. Afin d'élever le degré alcoolique de leur vin, certains viticulteurs utilisèrent du méthanol, alcool d'origine chimique moins coûteux que l'éthanol, alcool naturel du vin. Or le méthanol est mortel à forte dose. L'ironie veut que l'antidote de cette intoxication soit précisément l'absorption d'éthanol.

En Autriche, c'est l'utilisation du diéthylèneglycol qui défraya la chronique. Ce constituant connu comme antigel pour radiateur de voiture renforce l'impression d'onctuosité de certains vins moelleux.

■ La résonance magnétique nucléaire (RMN)

Depuis toujours, les inspecteurs de la répression des fraudes étaient à la recherche d'un outil efficace pour détecter des chaptalisations illicites. Ils disposaient bien de tables où des indices établis entre différents constituants du vin déterminaient des seuils de suspicions de fraudes. Mais ces mesures se révélaient peu fiables et sujettes à contestations. En 1979, le ministère des Finances lance un concours afin de remédier à cette situation. La méthode dite de résonance magnétique nucléaire établie par le professeur Martin est primée.

Cette technique repose sur le principe que la richesse en deutérium de l'éthanol (alcool principal du vin) varie selon la nature du sucre dégradé par les levures (raisin, betterave ou canne). Après un long processus d'extraction de l'éthanol et de son analyse par la résonance magnétique nucléaire (RMN), il est possible de détecter les chaptalisations et leur importance dans un vin.

DU RAISIN AU VIN

LES VINIFICATIONS

LES SPÉCIALITÉS

L'ÉLEVAGE

LES LIEUX

LE CHOIX

La bouteille

Le vin se présente généralement à la vente en bouteille. Ce contenant se révèle particulièrement adapté à la conservation et à la bonification du vin. L'étiquette qui habille la bouteille est soumise à une réglementation stricte.

La bouteille

☐ L'historique : Connue dès la période romaine, la bouteille n'est pourtant utilisée jusqu'au XVIIe siècle que pour le service du vin à table avec un rôle de carafe et non d'outil de stockage du vin, rôle réservé uniquement aux barriques. Au XVIIIe siècle, le traditionnel bouchon de verre, peu hermétique, fragile et coûteux, est détrôné par le bouchon de liège, qui rend la bouteille enfin hermétique. Tout d'abord proche par la forme de la carafe, la bouteille évolue jusqu'aux formes actuelles qui permettent la position couchée.

☐ Les qualités de la bouteille : contenant idéal, elle assure une double fonction de protection du vin et de bonification. Le verre isole le liquide de l'oxygène extérieur. La couleur foncée de la bouteille protège les vins des goûts de lumière (goûts de réduit). La bonification en bouteille s'explique par le phénomène de réduction qui prive le vin du contact avec l'oxygène et favorise l'épanouissement des arômes du bouquet. Toutefois, pendant un mois après la mise en bouteille, le vin est altéré temporairement et souffre de la maladie de la bouteille : le vin paraît « mâché », manque de structure et d'arômes suite à l'oxygénation violente lors de l'embouteillage. La bouteille ne peut assurer une conservation satisfaisante du vin que si le bouchon est de bonne qualité pour garantir une herméticité parfaite, et si elle est couchée pour que le bouchon, humidifié en permanence, ne se rétracte pas et ne laisse pas passer l'oxygène.

☐ Les différentes bouteilles : suivant les régions et par tradition, la forme de la bouteill varie – élancée en Alsace, trapue en Bourgogne et cylindrique à Bordeaux.

L'étiquette

☐ L'évolution de l'étiquette : si au Moyen Âge, on distingue déjà certains crus privilégiés, ce n'est qu'au XVIIe siècle que l'étiquette apparaît avec l'indication de la région ou du négoce. À la fin du XVIIIe siècle des références sont faites à certaines propriétés. Progressivement l'étiquette s'enrichit pour répondre aux exigences de la législation et à la demande d'informations des consommateurs.

☐ Les mentions obligatoires sont la nature du vin (vin de table, vin de pays, VDQS ou vin délimité de qualité supérieure, AOC ou vin d'appellation d'origine contrôlée), le degré alcoolique, le volume, le numéro du lot, le nom de la propriété ou la marque du négoce.

☐ Les mentions facultatives : la couleur du vin ; la teneur en sucres résiduels (secs, demisecs, doux, moelleux, liquoreux) ; le cépage (uniquement s'il constitue 100 % de la vendange), le type de vinification (vin sur lie, vin de paille, vin jaune, vendanges tardives) ; le lieu de la mise en bouteille ; la classification (cru classé..., grand cru) ; les récompenses obtenues lors de concours officiels.

Distinctions

Elles sont mentionnées uniquement pour le millésime récompensé dans le cadre de concours officiels.

ex : concours général agricole de Paris

Illustration

précise ou vague, vue de vignoble ou autre, elle ne doit jamais induire en erreur le consommateur.

Nom de l'exploitation

- Autorisé uniquement pour les vins de pays, VDQS, AOC.
- Correspond à un lieu-dit, à une parcelle ; le raisin vendangé doit en provenir exclusivement. La dénomination peut être château, moulin, clos, abbaye. Domaine et mas sont seuls autorisés pour les vins de pays.

Pays d'origine

Obligatoire pour les vins de table et pour tous les vins destinés à l'exportation.

Classifications

Elles sont officielles comme celles des crus classés du Médoc, du Sauternais ou des crus de Bourgogne.

Les appellations

Les appellations caractérisent les vins de pays, les VDQS et les vins d'AOC.

Elles sont régies par une législation précise quant à la viticulture, la vinification, la délimitation géographique.

PRODUCE OF FRANCE

Château
La Tour Blanche
Cru Bourgeois
1987
MÉDOC
APPELLATION MÉDOC CONTRÔLÉE
12% vol.   375ml
S.C.A DU CHATEAU LA TOUR BLANCHE PROPRIÉTAIRE À St-CHRISTOLY-DE-MÉDOC (GIRONDE) FRANCE
MIS EN BOUTEILLE AU CHATEAU
SELECTION B&G

Millésime.
La totalité de la vendange doit correspondre à l'année indiquée.

Nom et adresse

Pour les vins mis en bouteille à la propriété, ils correspondent au nom et à l'adresse du propriétaire ou du lieu de l'embouteillage pour le négoce.

Précisions sur la mise en bouteille

Lieu de l'embouteillage : à la propriété, au château, dans la région. Le terme « mis en bouteille par les producteurs réunis » signale les mises en cave coopérative.

Le volume de la bouteille

Les différentes contenances (sauf champagne)

1/2 bouteille	0,375 l
bouteille	0,75 l
magnum	1,5 l
double magnum	2,5 l
Marie-Jeanne	3,2 l
Jeroboam	4,5 l
Impériale	6 l

DU RAISIN AU VIN

LES VINIFICATIONS

LES SPÉCIALITÉS

L'ÉLEVAGE

LES LIEUX

LE CHOIX

Vins, apéritifs, entrées, charcuterie

Avant ou entre les repas, au début d'un repas, quels vins choisir ? En apéritif, les vins blancs emportent l'adhésion. Avec les entrées, le choix est d'abord tributaire des mets.

Les vins en apéritif

☐ Les aberrations. Les apéritifs anisés, certains bitters (breuvages amers), les alcools forts (vodka, whisky) et les cocktails sont sans doute acceptables en certaines occasions mais, absorbés juste avant le repas, ils ont un redoutable pouvoir d'obturation des papilles et des muqueuses.

☐ Champagne et mousseux. Le champagne, surtout brut et blanc de blanc, est toujours une excellente introduction par sa légèreté, sa fraîcheur, sa délicatesse et le spectacle festif de ses bulles. La plupart des effervescents bruts, de méthode champenoise ou rurale, ont aussi leur place (Blanquette de Limoux, Saumur, Vouvray, Clairette de Die, Crémant, Gaillac). Des toasts délicats et quelques amuse-gueule peuvent les accompagner discrètement.

☐ Les vins blancs. Les secs sont les bienvenus. Exemples : vins de Savoie (avec une lichette de jambon fumé), muscadet, aligoté (avec une pointe de crème cassis = le kir). Penser aussi aux moelleux et aux liquoreux.

☐ Vins doux naturels et vins de liqueur. Choisir des vins jeunes et fruités : banyuls, rimage, muscats, floc de Gascogne, pineau...

Les vins et les entrées

☐ Les contraintes. Les entrées grasses réclament des blancs secs de bonne acidité. Les crudités, riches d'arômes et de saveurs (légumes frais, « racines », fruits) incitent à des accords par analogie (vins fruités rosés ou rouges, blancs secs ou moelleux).

☐ Les accords classiques. Ils excluent les effervescents et les rouges corsés (tanins, bouquets). Avec les asperges (sans vinaigrette), les blancs secs réussissent. Sur quiches et tourtes, blancs secs ou demi-secs et rosés mais pourquoi pas un moelleux ? Escargots et grenouilles : en antithèse, des blancs ou des rosés secs. Par contre, le melon appelle liquoreux et vins doux naturels.

Les vins et les charcuteries

☐ Les contraintes. Les charcuteries grasses impliquent des vins de bonne acidité, des blancs aux rouges légers et jeunes (Beaujolais, vins primeurs). Les charcuteries maigres appellent des blancs secs plus « gras » et des demi-secs, des rosés et des rouges légers.

☐ Les accords classiques. Le saucisson et le jambon secs s'accordent avec les blancs ou les rosés secs (acidité/gras) et les rouges légers. Les charcuteries fumées appellent les vins rustiques (vins du pays) et les blancs à note empyreumatique (fumé, grillé, pierre à fusil) comme les pouilly, les sancerres ou les sauvignons de Loire.

ALLIANCES GOURMANDES

-*Andouillette de Troyes* : Coteaux champenois blanc, champagne brut

-*Artichauts à la barigoule* : rosés (Côtes-du-Lubéron, Coteaux-d'Aix, Bandol)

-*Asperges* (bannir le vinaigre) : Savennières, muscat d'Alsace, Côtes-du-Rhône blancs (Saint-Joseph, Crozes-Hermitage)

-*Cargolade* (escargots grillés) : Corbières, Côtes du Roussillon rosé, vieux Fitou

-*Cèpes à la Bordelaise* : Pomerol, Saint-Émilion vieux (une grande bouteille)

-*Coppa lonzo* (Corse) : rosés et rouges jeunes de Corse

-*Croque-monsieur* : rosés de pays, Beaujolais

-*Cuisses de grenouilles* : Entre-Deux-Mers, Coteaux-du-Lyonnais blanc

-*Cuisses de grenouilles des Dombes* (en fricassée ou à la poulette) : vins blancs ou rosés du Bugey

-*Escargots à la bourguignonne* : Bourgogne aligoté, Bourgogne blanc

-*Figatellu corse* (foie de porc, vin aillé et poivré) : Patrimonio rouge

-*Foie gras* : blancs moelleux ou liquoreux (Coteaux-du-Layon, Vouvray, Jurançon, Sainte-Croix-du-Mont, Barsac, Sauternes, Tokay), muscats, floc de Gascogne, vieux Banyuls, Maury, Cahors et Madiran vieux

-*Hors d'œuvre crus* (radis, tomates, concombres, carottes, etc.) : blancs et rosés de pays

-*Jambon de Bayonne* : Irouléguy rosé ou rouge, Pacherenc sec, Côtes-du-Rhône primeur

-*Jambon braisé* : Côtes-du-Roussillon rosé ou rouge (jeune)

-*Jambon persillé* (Bourgogne) : Bourgogne aligoté, Saint-Romain, Saint-Pourçain rosé

-*Jésus de Morteau* (saucisse fumée) : Arbois rouge

-*Melon* : vins liquoreux, pineau, floc de Gascogne, muscats

-*Œufs en meurette* : Bourgogne rouge, Irancy

-*Omelettes* : blancs ou rosés de pays

-*Omelette aux cèpes* : Pécharmant, Madiran

-*Omelette aux truffes* : Gigondas ou Vacqueyras rosé, Pécharmant et Cahors vieux

-*Pâté de grive* : Côtes-du-Rhône rouges jeunes

-*Pâté de lièvre* : Gaillac rouge, Vacqueyras

-*Pâté de merle* (Corse) : vins de Corse blancs ou rosés, Ajaccio blanc

-*Pâté végétal* (pain, champignons, truffes, amandes, etc.), recette végétarienne : Coteaux-du-Languedoc rouge, Bellet rosé ou rouge

-*Pieds paquets à la marseillaise* : rosé ou rouge jeune (Provence, Coteaux-d'Aix, Coteaux varois)

-*Pizza* : vins simples, jeunes et frais (blancs, rosés, rouges, selon les ingrédients de la pizza)

-*Quenelles de brochet* : blancs de Savoie, Alsace pinot, Côtes du Jura blanc

-*Quenelles de foie de porc (Moselle)* : vin gris de Toul, blancs de Moselle

-*Quiche lorraine* : gris de Toul, Sylvaner, Sauvignon de Saint-Bris

-*Rillons et rillettes de Tours* : Vouvray, Montlouis secs ou demi-secs

-*Salade niçoise* : Rosés de Provence ou de Corse, Côtes-du-Rhône rouges jeunes

-*Saucisson chaud brioché* : Beaujolais

-*Soupe aux choux* : rouges de l'Aveyron

-*Spaghettis* : blancs secs (Côtes-du-Lubéron, Corbières), rosés (Ventoux, Anjou)

-*Taboulé* : rosé de Tavel, rosés de Provence

-*Tarte à l'oignon* : Riesling, Pinot blanc d'Alsace

-*Tripoux* (Auvergne) : rosé d'Auvergne, Marcillac rouge

Paradoxes du foie gras

Par sa nature, le foie gras semble appeler un blanc sec et acide. En fait, il s'allie merveilleusement aux blancs moelleux et liquoreux et aux vins doux naturels : le salé du foie et l'acidité du vin, présente dans ces vins doux, s'ajoutent, tandis que se conjuguent le sucre du vin et le moelleux du foie.

DU RAISIN AU VIN
LES VINIFICATIONS
LES SPÉCIALITÉS
L'ÉLEVAGE
LES LIEUX
LE CHOIX

Vins, fruits de mer, poissons

> **Avec les produits de la mer et des rivières, les vins blancs offrent les plus belles harmonies. La difficulté de leur choix vient du type de cuisson et de l'accompagnement.**

▬▬▬ Les vins et les coquillages

☐ Des coques aux bulots. Les coquillages (coques, palourdes, moules, bigorneaux, etc...) ont des saveurs iodées et des arômes marins que la vivacité des blancs secs compense sans les dominer. Vins adaptés : Gros plant, fiefs vendéens, Entre-Deux-Mers, Picpoul de Pinet, Tursan...

☐ Les huîtres. Théoriquement, il faudrait bannir les vins rouges (pour éviter la synergie sel/amertume tannique), les blancs acides (sel/acidité) et choisir des vins aromatiques pour compenser l'iode. En fait, les blancs acides conviennent autant que des vins blancs plus gras et charnus. Vins adaptés : Muscadet (excellent accord), Graves, Entre-Deux-Mers, Sancerre et sauvignon de Loire, Sylvaner et pinot blanc, Chablis, Mâcon blanc, blancs de Savoie, Champagne brut...

☐ Les coquilles Saint-Jacques. Leur finesse et leur suavité demande des blancs délicats. Crues, elles admettent un Cassis ou un Chablis. Cuisinées et servies tièdes ou chaudes, elles s'allient aux blancs de haut lignage : Savennières, grands Bourgognes, Riesling, Condrieu, Hermitage.

▬▬▬ Les vins et les crustacés

☐ Les contraintes. Les crustacés ont la même nature salée, iodée et grasse que les coquillages mais leurs alliances avec les vins dépendent aussi de la température (froids ou chauds), de l'accompagnement (riz, légumes, sauces, épices..), de leur texture particulière.

☐ Les accords classiques

Crevettes, bouquets	Blancs marins (vins des pays côtiers, gros plant, muscadet...)
Salades de crustacés	Blancs nerveux et fruités : Riesling, Rully, Graves...
Crabes, langoustines	Blancs secs gras et aromatiques (Bourgogne, Mâconnais). Rosés secs
Écrevisses	Grands crus blancs de Bourgogne, Hermitage, Savoie
Langouste, homard	Grands crus blancs (Bourgogne, Condrieu, Hermitage, Tokay d'Alsace...) Bouteilles rares (Alsace vendanges tardives, vieux liquoreux, vins jaunes) sur les sauces à l'américaine ou au curry

▬▬▬ Les vins et les poissons

Peu salés, les poissons de rivière admettent des blancs secs mais ronds. Les plus gras (alose, brochet, sandre) demandent des blancs plus vifs. Avec les poissons de mer, les vins marins conviennent toujours. Certains poissons en sauce admettent les blancs moelleux ou liquoreux à condition qu'ils soient d'un âge vénérable.

ALLIANCES GOURMANDES

■ Vins, coquillages, crustacés

-*Bouquets mayonnaise* : Sancerre, Saint-Pourçain rosé
-*Calmars à l'encre* : rosés de Provence ou de Corse, rosé de Béarn
-*Coquilles Saint-Jacques à l'américaine* : Chablis, Arbois blanc
-*Coquilles Saint-Jacques au beurre de citron* : Chateauneuf-du-Pape, Bellet, Palette blancs
-*Coquilles Saint-Jacques au gratin* : un bourgogne blanc
-*Écrevisses à la crème aux morilles* : vin jaune du Jura, Hermitage blanc
-*Écrevisses à la nage* : Sancerre, Saint-Pourçain rosé, Hermitage blanc
-*Homard à l'américaine* : Hermitage blanc, Pouilly-Fuissé, Graves
-*Homard à la Cardinal* : Champagne, grand Bourgogne
-*Huîtres d'Arcachon* : Entre-Deux-Mers, Côtes-de-Blaye, Jurançon sec
-*Huîtres de Marennes* : Muscadet, Saint-Véran, sauvignon de Touraine
-*Huîtres et saucisse grillée* (*Bordeaux*) : cette alliance permet de choisir un vin rouge jeune et léger de Bordeaux ou de Loire
-*Langouste mayonnaise* : Chablis premier cru, Meursault, Rully blanc
-*Langoustines sauce cognac* : un sauvignon (Bergerac, Côtes-de-Duras)
-*Mouclade charentaise* : Gros-plant, Entre-Deux-Mers, vins de pays charentais
-*Moules marinières* : Entre-Deux-Mers, Côtes-de-Blaye, Gros-Plant
-*Plateau de fruits de mer* : Tursan blanc, picpoul de Pinet, Muscadet, Riesling, Sylvaner
-*Tourteaux mayonnaise* : vins blancs du Haut Poitou, Bourgogne aligoté, Bergerac blanc, Graves de Vayres blanc

■ Vins et poissons

-*Aïoli* : ce n'est pas seulement une mayonnaise à l'ail. On y mêle morue, baudroie, poulpe, escargots, légumes. Vins blancs ou rosés (Provence, Côteaux d'Aix, Cassis)
-*Alose grillée et sauce verte (Bordeaux)* : Graves blanc, blancs de Loire
-*Anguille poêlée persillade* : Gros-Plant, Côtes-de-Blaye, Touraine-Mesland
-*Bouillabaisse* : Cassis, Bandol, Coteaux-d'Aix blancs
-*Bourride* : blancs et rosés provençaux
-*Brandade de morue* : Minervois rosé, Côtes-du-Rhône blancs, Bordeaux blancs

-*Brochet à la crème* : Arbois blancs ou rosés, blancs d'Entraygues et du Fel
-*Colin mayonnaise* : blancs de Savoie, Condrieu, Côtes-du-Ventoux rosé
-*Cotriade (bouillabaisse bretonne)* : Gros-Plant, Muscadet, blancs des fiefs vendéens
-*Daurade au four* : Vouvray, Montlouis, Côtes-de-Provence rosé
-*Feuilleté de morue à la graisse fine d'oie (Gascogne)* : rosé de Tursan, Béarn jeunes
-*Lamproie à la bordelaise (cuite au vin rouge)* : Saint-Émilion, Pomerol, Côtes-de-Fronsac vieux
-*Loup grillé au fenouil* : Bandol blanc, Cassis
-*Matelotes au vin rouge* : rouges vieux et tanniques (crus bordelais, Bandol)
-*Merlu en piperade (pays basque)* : Irouléguy rosé, Côtes-du-Roussillon rosé
-*Morue grillée* : rosé des Riceys, Jurançon sec, Gaillac sec, Picpoul de Pinet
-*Paella* : contrairement aux idées reçues, elle est mieux servie par un rouge (les Riojas excellent) que par un blanc ou un rosé
-*Pochouse (bouillabaisse de rivière, Saône-et-Loire)* : Bourgogne, Mâcon blancs, Côtes-du-Jura, Bugey blanc
-*Rougets grillés* : Entre-Deux-Mers, Côtes-de-Duras, Bellet blanc
-*Saint-Pierre au jus de fenouil : (Provence)* : blancs et rosés provençaux
-*Sandre au beurre blanc* : Muscadet, Saumur blanc, Graves, Riesling
-*Saumon fumé* : Pouilly fumé, vins de sauvignon (Duras, Bordeaux, Saint-Bris)
-*Saumon grillé* : Meursault, Montrachet, Hermitage
-*Sole meunière* : Bourgogne blanc, Vouvray, Montlouis, Pinot blanc d'Alsace
-*Sole à l'épice et aux tomates confites* : Condrieu, Hermitage blanc
-*Soupe de poisson* : blancs secs ou rosés, vins de pays. Les soupes s'accordent toujours aux vins blancs secs et aux rosés de leur région d'origine. Ainsi, une soupe marseillaise appelle un Cassis ou un rosé provençal, une soupe arcachonnaise un Entre-Deux-Mers.
-*Thon basquaise* : Tursan blanc ou rosé, Irouléguy rosé, rouge jeune de gamay
-*Ttoro* : Sur cette bouillabaisse basque, les rosés d'Irouléguy et du Béarn conviennent
-*Truite aux amandes* : Riesling, Pinot blanc d'Alsace, Côtes-du-Jura, Jurançon sec
-*Truite à la farigoule (Languedoc)* : Corbières ou Minervois blancs
-*Turbot sauce hollandaise* : crus des Graves, Chateauneuf-du-Pape blanc, Condrieu.

DU RAISIN AU VIN
LES VINIFICATIONS
LES SPÉCIALITÉS
L'ÉLEVAGE
LES LIEUX
LE CHOIX

Vins, volailles, viandes, gibier

Alors que les volailles et les viandes blanches s'allient aussi bien aux blancs qu'aux rosés et aux rouges, les viandes rouges et le gibier réclament des vins rouges solides, bouquetés et vieux.

▬▬ Les vins et la volaille

Poulet poularde	Rôtis : rouges jeunes peu tanniques. On peut oser un blanc moelleux et même liquoreux. Avec préparations (crème, farcis, fruits exotiques) : rouges jeunes fruités ou blancs secs et gras (type Bourgogne, Vouvray, Graves)
Chapon	Blancs de haut lignage, par exemple un Alsace de vendanges tardives. Rouges puissants mais peu tanniques (de 4 à 6 ans)
Pintade	Blancs vifs mais corsés. Rouges légers
Canard	Rôti : rouges légers et charnus. Avec des fruits (pêche, cerise, orange) : blancs secs ou moelleux, vins doux naturels rouges
Oie, dinde	Grands vins rouges, surtout si la volaille est truffée

▬▬ Les vins et les viandes

Veau	Pané ou avec des préparations au fromage et à la crème : blancs vifs, rosés, rouges légers. Rôti avec fruits : blancs secs ou demi-secs
Porc	Grillé ou rôti : rouges légers. Préparé avec des fruits : blancs moelleux
Viandes rouges	Rouges vieux corsés et tanniques des grandes appellations (Bordeaux, Bourgogne, Côtes-du-Rhône, pays de Loire)

▬▬ Les vins et le gibier

☐ Les contraintes. Une règle générale : plus le gibier et son accompagnement (sauces, salmis, civets...) sont riches et composites, plus le vin rouge choisi sera vieux, bouqueté (odeurs animales de venaison, de cuir, d'épices, de sous-bois...) et noble.
☐ Les accords classiques. Les vins rouges recommandés pour les viandes rouges conviennent tous. Pour les venaisons, choisir les plus vieux millésimes.

▬▬ Plaisirs végétariens

Les végétariens ne sont pas forcément ces êtres pâles, tristes et carencés que d'aucuns imaginent. Le refus des poissons et des viandes a conduit quelques chefs à mitonner des plats fondés sur de surprenantes épousailles (céréales, fromage, légumes, champignons, épices rares...) qui peuvent valoriser beaucoup de vins nobles. L'amateur se plaira à inventer des alliances : tout reste à faire en ce domaine.

ALLIANCES GOURMANDES

■ Vins et volailles

-*Caneton nantaise* : Quart-de-chaume, Montlouis
-*Canard aux navets* : Coteaux-du-Languedoc, Lalande-de-Pomerol, Côtes-de-Castillon
-*Canard à l'orange* : Pommard, Chateau-Chalon
-*Chapon rôti* : vin jaune du Jura, Alsace vendanges tardives, crus de Saint-Émilion ou de Bourgogne (4-6 ans)
-*Confit (canard, oie)* : Premières Côtes-de-Bordeaux, Madiran, Côtes-de-Saint-Mont
-*Coq au vin rouge* : même vin que celui de la sauce (ou très proche). Exemples : Côte-de-Beaune ou de Nuits, vins d'Auvergne, Côtes-du-Rhône
-*Dinde aux marrons* : Sancerre rouge, Côte-Rôtie, Cahors
-*Lapin rôti* : rosés (Tavel, Lirac), Anjou rouge
-*Lapin en fricassée* : crus du Beaujolais, rouges de Savoie (cépage mondeuse), Saint-Pourçain rouge ou rosé
-*Magret au poivre vert* : Madiran, Pécharmant, Cahors, Buzet
-*Oie rôtie à la farce truffée* : vins vieux (crus de Saint-Émilion, grands Bourgogne, Bourgueil, Chinon)
-*Pigeonneaux à la printanière* : Crozes-Hermitage, Saint-Joseph rouges
-*Pintade rôtie sur canapé* : Minervois rouge
-*Poularde demi-deuil* : Arbois blanc ou rouge, crus du Beaujolais (Juliénas, Chénas), Saint-Joseph rouge
-*Poulet en barbouille* (Berry) : Quincy, Menetou-Salon blancs, Reuilly rosé
-*Poulet rôti* : Graves rouges, Côtes-de-Bourg, Saint-Joseph, Saint-Nicolas-de-Bourgueil, certains liquoreux (Barsac, Sauternes, Côteaux-du-Layon)

■ Vins et viandes blanches

-*Blanquette de veau à l'ancienne* : rosés de Provence et du Languedoc, riesling d'Alsace, Côtes-du-Rhône rouge
-*Cassoulet* : Corbières, Minervois, Frontonnais, Cahors
-*Choucroute* : sylvaner ou riesling d'Alsace, gris de Toul
-*Côtes de porc grillées* : Fronsac, Canon-Fronsac, Petit Chablis, Mâcon-Village
-*Côte de veau grillée* : Pinot blanc, riesling alsaciens, Bordeaux rouge jeune
-*Escalope panée* : La Clape blanc, Minervois blanc, Médoc jeune
-*Palette de porc* : Quincy, Sauvignon de Loirer, Beaujolais jeune

-*Paupiettes de veau* : Beaujolais villages, Puisseguin-Saint-Émilion, Gaillac blanc sec
-*Potée* : ce mets roboratif admet les vins de pays, les vins d'Auvergne et du Forez, les rouges jeunes de Loire (Chinon, Bourgueil, Anjou)
-*Ris de veau* : Graves, Bonnezeaux, Loupiac
-*Rôti de porc* : Costières de Nîmes rouge, Premières Côtes-de-Bordeaux rouge, Crozes-Hermitage blanc
-*Rôti de veau* : Côtes-du-Lubéron blanc ou rouge, Graves de Vayres blanc ou rouge

■ Vins et viandes rouges

-*Carré d'agneau* : Saint-Estèphe, Bandol, Côtes-du-Rhône
-*Côte de bœuf charolais* : Hautes-Côtes-de Nuits et de Beaune, Bourgogne, Côte chalonnaise
-*Côte de bœuf aux cèpes* : Listrac, Moulis, Cahors
-*Côtelettes de mouton* : Corbières, Coteaux-du-Languedoc. Haut-Médoc
-*Daube* : Côtes-du-Rhône, Bandol, Bordeaux
-*Entrecôte sur le gril* : Haut-Médoc, Margaux, Saint-Émilion
-*Filet de bœuf en croûte* : Morgon, Pinot d'Alsace, Anjou rouge
-*Fondue bourguignonne* : Côtes-de-Nuits, Côtes-de-Beaune, Irancy
-*Gigot d'agneau* : Cornas, Côtes-du-Roussillon, Médoc
-*Gigot de mouton* : Margaux, Madiran, Bandol.
-*Rôti de bœuf* : crus de Saint-Émilion, Pomerol, crus de Bourgogne
-*Steak grillé* : Saint-Émilion, Bourgueil, Beaujolais
-*Tournedos* : Haut-Médoc, Buzet, Madiran

■ Vins et gibiers

-*Bécasse* : Saint-Julien, Côte-Rôtie, vieux Pomerol
-*Civet de lièvre* : Canon-Fronsac, Pécharmant, Clos-de-Vougeot
-*Civet de sanglier* : vieux Fitou, Quatourze
-*Côtelettes de chevreuil* : rouges de l'Orléanais, Saint-Joseph, Graves (Pessac-Léognan)
-*Cuissot de sanglier* : Fitou, Bandol, Chateauneuf-du-Pape, crus bourguignons
-*Faisan sur canapé* : crus de Saint-Émilion, Pauillac, Bourgueil
-*Gigue de chevreuil* : Chambertin, Chateauneuf-du-Pape, Pauillac
-*Perdrix au chou* : Cornas, Crozes-Hermitage

DU RAISIN AU VIN
LES VINIFICATIONS
LES SPÉCIALITÉS
L'ÉLEVAGE
LES LIEUX
LE CHOIX

Vins, fromages et desserts

La forte spécificité des fromages rend très difficile le choix d'un vin et le champ des expériences reste ouvert. Pour les desserts, des crèmes aux pâtisseries et aux fruits, même perplexité. Surtout devant les dominantes sucre et chocolat.

Les vins et les fromages

□ Les idées reçues. Beaucoup pensent que seuls les vins rouges peuvent accompagner les fromages et qu'il faut même leur réserver la meilleure et la plus vieille bouteille. C'est oublier qu'un grand vin peut être obturé, écrasé par certains fromages.

□ Les contraintes. Le type de fromage, son mode et sa durée d'affinage, sa texture (mou, fondant, sec) doivent primer dans la recherche des accords. Avec les vins blancs secs, dont l'acidité s'oppose au gras du fromage, on recherche plutôt des alliances par antithèse. Avec les vins rouges, les accords par analogie sont privilégiés : amertume tannique et amertume de certains fromages, moelleux gras du fromage et moelleux du vin (alcool + glycérol + sucre), senteurs fromagères et bouquets du vin.

□ Fromages de vache. Les six catégories de pâtes commandent les accords. Avec les pâtes molles à croûte fleurie (type Brie ou Camembert), vins rouges corsés. Avec les pâtes molles à croûte lavée, de couleur orangée (type Époisses ou Munster), blanc secs aromatiques, vieux liquoreux, rouges corsés. Avec les pâtes molles à croûte naturelle (type Saint-Marcellin), rouges légers et fruités. Sur les pâtes pressées non cuites (type Cantal ou tomme de Savoie), blancs secs ou rouges légers. Sur les pâtes pressées cuites (type Comté), rouges légers et fruités. Les persillés à moisissures bleues (type Bleu d'Auvergne) appellent rouges vieux, banyuls ou maury.

□ Fromages de chèvre ou de brebis. Sur les premiers, blancs secs de la région d'origine. Pour les seconds, accorder selon le type de pâte. Les molles à croûte naturelle (type Banon ou Niolo) demandent des rouges corsés, les pressées non cuites (type Pyrénées) admettent les rouges corsés et le jerez. Sur les pâtes persillées de type Roquefort, privilégier les grands liquoreux.

Les vins et les desserts

□ Contraintes du sucre et accords possibles. La plupart des crèmes et des pâtisseries sont dominées par le goût sucré qui risque de détruire les autres saveurs et les arômes du vin. Il faut donc éliminer les rouges et les blancs secs (acidité) pour privilégier, par analogie, les moelleux et les liquoreux. Les pâtisseries « sèches » (biscuits, gênoises...) et les pâtes à chou admettent champagne et effervescents régionaux.

□ Contraintes du chocolat et accords possibles. Le chocolat est redoutable pour les saveurs sucrées et amères du cacao. Rares sont les vins qui peuvent se mesurer à de tels partenaires ! Deux solutions : accords par analogie avec les vins doux naturels (muscats, banyuls, maury, rasteau, porto), accords par antithèse avec le pineau et le floc de Gascogne.

140

ALLIANCES GOURMANDES

■ Vins et fromages de vache

- *Bleu d'Auvergne* : Vouvray moelleux, Saussignac
- *Brie* : pinot noir alsacien, Chablis
- *Camembert* : Roussillon-Villages rouge, Patrimonio
- *Cantal* : Graves blanc, Pacherenc, Gaillac blanc sec
- *Chaource* : rosé des Riceys
- *Comté* : blanc de Savoie, Côtes-de-Provence rouge, vin jaune du Jura
- *Edam* : Coteaux-de-Languedoc, Médoc, Corbières
- *Époisses* : Bourgogne, Irancy, marc de Bourgogne
- *Fourme d'Ambert* : Cadillac, Coteaux-du-Layon
- *Maroilles* : Château-Chalon, vieux Monbazillac, Jurançon
- *Mimolette* : Bordeaux rouge, Saumur-Champigny, Duras rouge
- *Munster* : gewurztraminer de vendanges tardives
- *Pont-l'Évêque* : Cornas, Saint-Joseph, Bourgueil, Madiran
- *Reblochon* : Apremont, Abymes (Savoie)
- *Saint-Marcellin* : Saint-Chinian, Côtes-du-Rhône rouge
- *Saint-Nectaire* : Bordeaux blanc, Saumur-Champigny
- *Tomme de Savoie* : Apremont
- *Vacherin Mont d'Or (Franche-Comté)* : vin jaune du Jura, rouges du Jura

■ Vins et fromages de chèvre

- *Cabecou* : Marcillac rouge, blancs d'Estaing ou d'Entraygues et du Fel
- *Crottin de Chavignol* : Sancerre, Pouilly fumé, Quincy
- *Pouligny Saint-Pierre* : Vouvray demi-sec
- *Sainte-Maure* : Vouvray sec, Quincy
- *Selles-sur-Cher* : sauvignons de Loire
- *Valençay* : Vouvray demi-sec, Valençay, Saint-Véran

■ Vins et fromages de brebis

- *Arnégui (Béarn)* : rosé du Béarn, Pacherenc sec
- *Banon brebis* : Coteaux de Pierrevert (blanc), Provence blanc
- *Caillebotte d'Aunis* : blanc de pays charentais, Côtes-de-Blaye
- *Golo (brebis corse, pâte molle à croûte fleurie)* : vins blancs de Corse, rouges d'Ajaccio
- *Roquefort* : grand Sauternes, vieux Rivesaltes

■ Vins et desserts

- *Apfelstrudel* : blancs de Moselle, Gewürztraminer
- *Brioche* : Loupiac, muscat de Saint-Jean-de-Minervois, vins effervescents
- *Bûche de Noël* : Clairette de Die, Maury
- *Canelés bordelais* : Sainte-Croix-du-Mont, muscat de Saint-Jean-de-Minervois
- *Charlotte aux fruits rouges* : champagne rosé
- *Charlotte aux poires* : Côtes-de-Montravel, Gaillac moelleux
- *Cornes de gazelle (Algérie)* : muscat de Samos
- *Crêpes, gaufres* : effervescents, malaga, vins doux naturels, liquoreux
- *Croquettes de Vinsobres (biscuits aux amandes)* : muscat de Beaumes-de-Venise, clairette de Die
- *Far breton* : Sainte-Croix-du-Mont, Cadillac
- *Forêt noire* : floc de Gascogne, marc du Jura
- *Fraisier* : Maury, Rasteau
- *Kugelhopf* : crémant d'Alsace, Alsace-Vendanges tardives
- *Macarons* : Montlouis, Bonnezeaux, Blanquette de Limoux
- *Mille feuilles au chocolat* : muscats de Lunel et de Mireval, liqueurs à l'orange
- *Pâtisseries aux noix* : Côtes-de-Saussignac, Monbazillac
- *Sabayon de poire* : vin de paille du Jura
- *Tarte au citron* : Cérons, vieux liquoreux, muscats
- *Tartes aux fruits* : Monbazillac, Saussignac, Coteaux-du-Layon, muscat et gewurztraminer alsaciens
- *Tarte Tatin* : Vouvray moelleux, vin rouge léger de Touraine, Cadillac
- *Tourtière gasconne* : floc, armagnac

La cuisine au fromage

Le fromage est présent dans de très nombreuses préparations : sauces (Mornay, au raifort), fromages râpés pour les pâtes, soupes au fromage, soufflés. Les vins blancs secs ou les rosés sont de gentils accompagnateurs. Ne pas négliger les vins de pays à la sympathique rusticité. Sur la fondue et la raclette savoyardes, les blancs, les rosés et les rouges de Savoie (cépage mondeuse), les fendants suisses conviennent.

DU RAISIN AU VIN

LES VINIFICATIONS

LES SPÉCIALITÉS

L'ÉLEVAGE

LES LIEUX

LE CHOIX

La dégustation du vin

Déguster un vin, c'est le goûter pour en apprécier la valeur. La dégustation a donc peu de parenté avec la simple absorption d'un liquide ou la recherche de l'ivresse. Qu'elle soit technique ou conviviale, elle implique une éducation sensorielle, des conditions favorables, une volonté de connaître, une méthode d'analyse.

Les conditions de la dégustation

☐ Locaux et ambiance : la salle de dégustation doit être bien éclairée, silencieuse, chauffée à 20-22°, sans odeurs (tabac, parfums...) avec des murs aux couleurs unies et claires : rien ne doit perturber, influencer le dégustateur. Souvent, des postes de dégustation, isolés les uns des autres par des cloisons ou des panneaux, sont prévus. Ils sont équipés pour les différentes observations (papiers noirs et blancs, éclairage latéral pour l'examen visuel, eau courante, crachoir, possibilité de prises de notes).

☐ L'heure idéale : lorsqu'on a faim, les organes des sens deviennent très sensibles. C'est donc entre 10 et 12 h que la dégustation devrait avoir lieu.

☐ Ordre et températures de dégustation : la dégustation se pratique dans l'ordre : blancs, rosés, rouges. Un blanc sec doit précéder un moelleux et un liquoreux. En rouge, un vin jeune précède un vin vieux, un vin peu tannique précède un vin tannique, un vin peu alcoolisé précède un vin alcoolisé. Températures de service : entre 8 et 12° pour les blancs, 13° pour les rouges nouveaux, 15° pour les rouges légers, 18° pour les rouges corsés et plus vieux. Dans une dégustation strictement technique, on présente les rouges rafraîchis et les blancs vers 14° : les équilibres apparaissent mieux.

☐ Les verres. Un verre pour chaque vin. Le verre dit AFNOR est le plus usité.

Les trois phases de la dégustation

Examen visuel	On observe l'aspect du vin : limpidité, brillance (son éclat), couleur ou teinte, intensité colorante, fluidité (les « jambes » sur le verre).
Examen olfactif	On sent le vin sans le goûter pour analyser sa richesse aromatique : netteté, qualité, intensité, nature de ces arômes. Les arômes primaires sont dus au cépage, les arômes secondaires apparaissent pendant la fermentation, les arômes tertiaires (ou bouquet) caractérisent les vins vieux.
Examen en bouche	C'est une phase complexe. Les perceptions sont à la fois gustatives, tactiles et chimiques, olfactives (arômes de bouche, perçus par voie rétronasale). On insiste sur les équilibres souhaitables : entre acidité et moelleux pour les blancs secs, acidité, sucre et alcool pour les liquoreux, acidité, moelleux et tanins pour les rouges.

Fiches de dégustation

Les professionnels et les étudiants utilisent des fiches où ils consignent leurs observations. Parfois, elles se terminent par une notation du vin.

FICHE DE DÉGUSTATION

Date et heure de la dégustation : . . . .

Nom du dégustateur : . . . .

Identification du vin : . . . .

. . . .

Examen visuel

Limpidité . . . .

Brillance . . . .

Couleur/teinte . . . .

Intensité colorante . . . .

Fluidité/viscosité . . . .

Effervescence (champagne, mousseux) . . . .

Examen olfactif

Netteté des arômes . . . .

Qualité . . . .

Intensité . . . .

Nature des arômes . . . .

Types d'arômes (primaires, secondaires, tertiaires) . . . .

Défauts éventuels . . . .

Examen en bouche

1. Saveurs de base (goût) dans leur succession

   Sucré . . . .   Acide . . . .

   Salé (très rare) . . . .   Amer . . . .

2. Autres perceptions (sensibilité tactile et chimique)

   Astringence (tanins des vins rouges) . . . .

   Vinosité (chaleur de l'alcool) . . . .

   Moelleux (sucre + alcool + glycérol) . . . .

   Consistance, structure (acides + tanins + glycérol) . . . .

   Pétillant (cas des effervescents) . . . .

3. Arômes de bouche

   Qualité . . . .   Intensité . . . .   Nature . . . .

4. Équilibres et dominantes . . . .

5. Persistance aromatique . . . .

Conclusions

. . . .

. . . .

. . . .

DU RAISIN AU VIN
LES VINIFICATIONS
LES SPÉCIALITÉS
L'ÉLEVAGE
LES LIEUX
LE CHOIX

L'examen visuel d'un vin

Toute dégustation commence par un examen visuel du vin dans le verre. Cette première découverte implique quelques techniques simples qui permettent l'observation attentive et précise de quelques caractères essentiels. Le verre doit être transparent et rempli au tiers.

Techniques de l'examen visuel

☐ Observer la limpidité : pour détecter d'éventuels troubles, le dégustateur observe, sur fond noir, le vin éclairé latéralement. Un vin limpide n'est pas forcément transparent.
☐ Observer la brillance : la brillance, ou éclat du vin, révèle l'aptitude du vin à réfléchir la lumière. À observer sur fond blanc, le verre tenu obliquement.

Observations et déductions

☐ Limpidité et brillance : un vin est rendu trouble par de minuscules particules en suspension, d'origines diverses. Les troubles indiquent un élevage médiocre. La brillance, gage d'une bonne acidité, est particulièrement recherchée dans les vins blancs.
☐ La couleur du vin renseigne sur l'évolution et la santé du vin.

	Couleurs	Déductions
Blancs	Blanc incolore	- Vins très jeune, aucune oxydation, vinification moderne.
	Jaune très clair et reflets verts	- Vin jeune vinifié en cuves, d'une bonne acidité.
	Jaune paille	- Stade de la maturité.
	Doré, ambré	- Vin vieux. Disque mat : vin sans doute oxydé. Disque brillant : bonne évolution. Les liquoreux atteignent ce stade.
Rosés	Framboise, saumon	- Vin jeune et fruité.
	Œil de perdrix	- Rosé de pressurage, vin « gris » jeune.
	Fraise	- Vins déjà vieux.
	Abricot	- Vieux (peut-être décrépit !).
Rouges	Violacé, pourpre	- Vin très jeune.
	Cerise	- Vin à bonne maturité (cas général).
	Rouge orangé	- Début du vieillissement.
	Rouge brun	- Vin vieux.
	Brun	- Vin très vieux. Si ce vin n'est pas de longue garde, mauvais indice.

☐ L'intensité colorante dépend parfois des cépages (peu d'intensité des pinots, grande intensité des cabernets, du tannat...). Très souvent une robe claire dénote une extraction insuffisante de la couleur, une cuvaison écourtée, un rendement exagéré, une vendange diluée (année pluvieuse), une maturité insuffisante. Une robe foncée est au contraire le gage d'un grand vin réussi : extraction et cuvaison soignées, faible rendement, vieilles vignes.
☐ Les jambes du vin : ces coulées liquides sur le verre renseignent sur la fluidité ou la viscosité du vin, fonction de sa richesse alcoolique mais pas forcément de sa qualité.

LE VOCABULAIRE DU REGARD

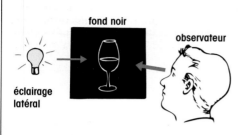

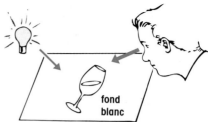

■ Regarder

Limpidité : cristallin, brillant, clair, limpide, dépouillé, terne, voilé, trouble.

Brillance : brillant, lumineux, éclatant, mat, terne, éteint.

Couleur/Teinte :
Vins blancs : incolore, jaune pâle, jaune vert, jaune paille, jaune doré, or, pâle, vieil or, cuivré, ambré, brun.
Vins rosés : gris, pâle, vif, rose, rose cerise, rose framboise, rose carminé, œil de perdrix, pelure d'oignon, tuilé.
Vins rouges : rouge violet, pourpre, framboise, rubis, cerise, groseille, orangé, tuilé, acajou.

Intensité colorante : marquée, intense, vive, nette, franche, riche, puissante.

Fluidité/Viscosité : perles (= jambes, larmes) rapides ou lentes à se former, inexistantes, légères, lourdes.

■ L'œil du champagne

L'examen visuel du champagne et des effervescents porte aussi sur la *mousse*, dont six éléments sont analysés :
Cordon (surface) : totalité de la surface, moitié, quart, périphérique, inexistant.
Aspect : crémeuse, fine, grossière.
Couleur : blanche, jaune, sale.
Persistance : excellente, très bonne, bonne, moyenne, faible, très faible, nulle.
Dégagement gazeux : impétueux, important, moyen, faible.

Bulles : légères ou lourdes, fines ou grosses, rapides ou lentes, collées au verre, inexistantes. L'aspect de la mousse est fonction de la teneur en colloïdes du vin de base et des soins apportés à la seconde fermentation (pour la prise de mousse). Si elle a été trop rapide, les bulles seront très grosses et leur dégagement sera impétueux, comme celui d'une eau minérale !

■ Couleur, teinte, ton, intensité

Les couleurs fondamentales sont celles obtenues par décomposition de la lumière par le prisme : violet, indigo, bleu, vert, jaune, orangé, rouge. Hormis le bleu, elles se retrouvent dans les vins.
Les teintes sont obtenues par mélange de couleurs. Ainsi un jaune orangé est une teinte de jaune. La gamme des teintes est très étendue dans les vins.
La valeur correspond au degré de clair ou de foncé d'un objet. On appelle « *ton* », au sens pictural, la valeur d'une couleur ou d'une teinte. Le ton est défini par le degré de saturation d'une couleur, c'est-à-dire son degré d'intensité. En somme, il est une variété de couleur ou de teinte. L'intensité colorante d'un vin correspond donc au ton des peintres.

L'examen olfactif d'un vin

> Après avoir observé l'aspect du vin, le dégustateur s'intéresse à ses odeurs. Cet examen olfactif a lieu avant l'ingestion. Il est facilité par des techniques simples et la connaissance des différents types d'arômes.

■■■■■ Le rôle de l'olfaction

□ La voie olfactive directe : les molécules gazeuses et odorantes pénètrent par le nez et, dans les fosses nasales, sont filtrées et réchauffées par les cornets avant d'atteindre la muqueuse olfactive. Les cils des neurones olfactifs baignent ici dans un mucus où ils rencontrent les molécules odorantes dissoutes. La transmission des impressions se fait vers le bulbe olfactif puis le paleo-cortex.

□ La voie rétro-nasale utilise le rhinopharynx. Le vin est réchauffé et occupe toute la bouche : le dégagement aromatique est donc facilité.

■■■■■ Techniques de l'examen olfactif

□ Le premier coup de nez : le verre reste immobile, sur une table ou tenu par son pied. Flairer le vin par saccades pour apprécier les arômes les plus volatils.

□ Le deuxième coup de nez : imprimer un mouvement giratoire au verre pour y faire tourner le vin : on accroît la surface d'évaporation et l'oxygénation. Les molécules plus lourdes pourront s'exhaler. Flairer par saccades.

□ Le troisième coup de nez : on le réserve aux vins vieux, après un repos de quelques minutes. Les arômes les moins volatils se manifestent.

■■■■■ Les trois types d'arômes

□ Les arômes primaires sont les arômes variétaux spécifiques d'un cépage. Le muscat et le gewurztraminer font partie des cépages les plus aromatiques.

□ Les arômes secondaires : révélés par la fermentation alcoolique, ils sont produits par les levures. Ils sont floraux, fruités (pomme, poire, pêche) ou vineux.

□ Les bouquets, ou arômes tertiaires, sont des arômes de vins vieux dus à la transformation des arômes précédents et des tanins. Les bouquets d'oxydation sont ceux des vins élevés au contact de l'air : vins sous bois, vins rancio, vins jaunes du Jura, madère. Caractéristiques : odeurs de coing, de noix. Les bouquets d'oxydo-réduction caractérisent au contraire des vins protégés de l'oxygène : odeurs de vieux bois, de vanille, de sous-bois, de champignons, de grillé, de cuir, de gibier.

■■■■■ Observations et déductions

□ Netteté, qualité, intensité : ce sont les premières impressions reçues.

□ Nature et type des arômes : on analyse les arômes dans leur successivité, on en repère le type, on retient les dominantes.

□ Défauts : une odeur de colle ou de vernis à ongles décèle l'acescence, une odeur de vinaigre indique la piqûre acétique (excès d'acidité volatile), un vin réduit sent l'œuf pourri.

LE VOCABULAIRE DE L'OLFACTION

Netteté : bonne, insuffisante.

Qualité : très fine, racée, distinguée, fine, ordinaire, grossière, désagréable.

Intensité : forte, puissante, suffisante, moyenne, faible, insuffisante, inexistante, exagérée.

Types d'arômes : primaires, secondaires, tertiaires (= bouquet).

Nature des arômes :

Série animale : viande, musqué, venaison, gibier, civet.

Série balsamique : pin, résine, térébenthine, baume, encens, vanille.

Série boisée : bois verts, acacia, écorce, vieux bois, fût de chêne, boîte à cigares, rancio.

Série empyreumatique : fumée, fumet, brûlé, grillé, caramel, pain grillé, pierre à fusil, silex, bois brûlé, cuir, café torréfié, goudron.

Série épicée : anis, champignon, cannelle, girofle, muscade, poivre, menthe, thym, réglisse, lavande, garrigue, laurier.

Série éthérée (et de fermentation) : acétone, banane, bonbon acidulé, vernis à ongles, savon, bougie, levure, cire, lait aigre, bière, beurre.

Série florale : miel, acacia, amandier, pommier, pêcher, sureau, vigne, aubépine, jasmin, géranium, bruyère, genêt, rose, lilas, tilleul, verveine, violette, œillet, muguet, etc.

Série fruitée :

- Fruits secs : raisins de Corinthe, confit, noyau, amande, figue, noix, noisette, pruneau sec, orange confite, passerillé...

- Fruits frais : cerise (noire, griotte, merise, bigarreau), prune, pruneau, prunelle, myrtille, cassis, fraise des bois, fraise, framboise, groseille, mûre, abricot, coing, pêche, poire, pomme, citron, orange, pamplemousse, ananas, banane...

Série végétale : herbe, foin, feuille de cassis, laurier, tisane, tilleul, verveine, cres-

son, lierre, fougère, café vert, tabac, humus, sous-bois, sureau, champignon, cèpe, truffe, bouchon.

Défauts : CO_2, SO_2, réduit, mercaptan (œuf pourri), lactique, éventé, oxydé, acescent, acidité volatile, bouchonné, moisi, vieux bois.

■ Vilains mots pour bons arômes

Les chimistes sont linguistiquement brutaux. Leurs recherches sur les constituants des arômes des vins les conduisent à parler des composés terpéniques du muscat et des phénols volatils qui hantent la vanille ou la girofle. Pour le plaisir des amateurs, mieux vaut le vocabulaire métaphorique qui évoque la fleur, le fruit, la fumée et les sous-bois de l'automne.

■ L'olfaction

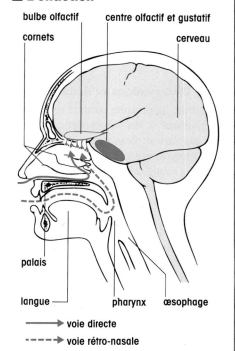

bulbe olfactif centre olfactif et gustatif
cornets cerveau
palais
langue pharynx œsophage

→ voie directe
----▶ voie rétro-nasale

L'examen du vin en bouche

Pour le professionnel ou l'amateur, l'examen du vin en bouche est la phase la plus difficile de la dégustation. Les perceptions y sont diverses, complexes et concernent plusieurs sens.

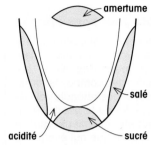

amertume

salé

acidité

sucré

Un réseau de perceptions

☐ Les quatre saveurs de base : le goût concerne seulement les papilles de la langue avec quatre saveurs localisées.
☐ Les autres perceptions : les muqueuses de la bouche sont le siège de perceptions thermiques (chaleur de l'alcool, température du vin), tactiles et chimiques (astringence, moelleux, piquant, acide carbonique, consistance du vin). Les arômes sont perçus par voie rétronasale (sensibilité olfactive).

Techniques de la gustation

☐ Goûter de petites quantités : un excès de vin entraîne une déglutition trop rapide et fatigue... le dégustateur (qui goûte souvent plusieurs vins). Mieux vaut aspirer lentement un centilitre de liquide.
☐ Les mouvements du vin : on envoie le vin vers le fond de la gorge puis on le fait revenir en avant. On aspire alors un peu d'air par les lèvres pour le diffuser (meilleure imprégnation des muqueuses) et le réchauffer. Ensuite, on rejette ou on avale.

Observations et déductions

☐ L'attaque : le premier contact avec le vin (1-2 secondes) est déterminant. Il est plaisant ou déplaisant et les caractéristiques du vin apparaissent.
☐ Des saveurs successives : les saveurs captées par la langue sont relativement localisées et s'expriment successivement : sucré, acide, salé, amer. Un excès de sucre en blanc sec ou en rouge peut signifier une fermentation inachevée. Une acidité déficitaire est le signe d'une vendange trop mûre et, inversement, un vin trop acide peut provenir d'une récolte insuffisamment mûre ou de l'absence de fermentation malolactique (en rouge). Un goût aigrelet indique un excès d'acidité volatile. Le goût salé est pratiquement absent du vin. L'amertume est liée aux tanins. Trop amer, le vin souffre peut-être de la maladie de l'amertume (dégradation du glycérol).
☐ Les perceptions concomitantes
Astringence , vinosité, moelleux, consistance et structure, pétillant, arômes de bouche.
☐ Équilibres et dominantes : ces perceptions doivent s'équilibrer pour conférer au vin son harmonie. Toutefois, beaucoup de vins sont typés par une perception dominante ou un couple de dominantes.
☐ Persistance aromatique : on l'évalue après le rejet ou la déglutition. Sa durée (en « caudalies » = en secondes) renseigne sur la richesse du vin.

VOCABULAIRE DU VIN EN BOUCHE

Sucré
Liquoreux, sucré, doux, fondu, sec, brut

Acidité
Excessive : acide, vert, mordant, nerveux, acidulé, piquant, pointu.
Bonne : frais, vif, gouleyant, souple, équilibré.
Insuffisante : mou, plat, flasque, à « goût de bière ».

Astringence (tanins)
C'est une impression de dessèchement de la bouche : la salive ne lubrifie plus les muqueuses qui se contractent (châtaignes et artichauts crus donnent la même impression). Les tanins provoquent cette impression. Typiques de certains cépages (cabernets, tannat, mourvèdre), les tanins sont gage de longévité. Ils sont issus de la rafle, du fruit (pépins et pellicules) ou du bois des fûts. On classe les tanins selon les critères de dureté, de douceur, de gras et de finesse.
Mots utilisés : souple, coulant, équilibré, boisé, ferme, dur, rude, âpre, amer, acerbe, astringent.

Vinosité (alcool)
L'alcool est nécessaire mais son excès brûle les muqueuses, son manque appauvrit le vin qui semble dilué.
Mots utilisés : généreux, capiteux, brûlant, chaud, chaleureux, puissant, plein, vineux, suffisant, léger, petit, faible.

Moelleux (sucre, glycérol et alcool)
Perception complexe, sucrée et visqueuse (sucre perçu par la langue et les muqueuses + glycérol + alcool). Le glycérol est un alcool gras.
Mots utilisés : moelleux, onctueux, velouté, fondu, coulant, rude, desséché.

Consistance
Perception complexe : impressions de formes, de volumes, de contact d'une surface (acides + tanins + glycérol + éléments non volatils). Type le vin.
Mots utilisés : étoffé, gras, rond, charnu, charpenté, plein, mince, maigre, décharné.

Arômes de bouche
Intensité, qualité, nature.
Perçus par voie rétronasale, ils ne confirment pas forcément l'examen olfactif.

Équilibre
Harmonieux, correct, trompeur, anguleux, fatigué.
Selon les catégories de vins, les équilibres recherchés diffèrent.

Blancs secs

Acidité ←——→ Moelleux

Rouges

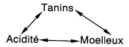
Tanins
Acidité ←——→ Moelleux

Blancs liquoreux ou moelleux

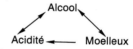
Alcool
Acidité ←—— Moelleux

Les déséquilibres gustatifs des rouges

	Excès	Manques
Tanins	Vins durs	Vins sans charpente
Acidité	Vins verts, maigres	Vins mous
Moelleux	Vins lourds, sirupeux	Vins déssechés

Persistance aromatique
Très longue, longue, moyenne, courte.

Pétillant
Cas des effervescents (présence de CO_2).
Le dégagement gazeux ne doit pas gêner la dégustation.

Les flaveurs
La difficulté de différencier les perceptions en bouche a conduit l'Union internationale des œnologues à adopter le terme « flaveurs » pour désigner l'ensemble des impressions gustatives, olfactives, tactiles et chimiques ressenties dans la cavité buccale et dans l'arrière des fosses nasales.

DU RAISIN AU VIN

LES VINIFICATIONS

LES SPÉCIALITÉS

L'ÉLEVAGE

LES LIEUX

LE CHOIX

Le service du vin

Proposer un vin à la dégustation suppose qu'on lui offre d'exprimer toutes ses possibilités. La température doit être adaptée au type de vin. La décantation élimine le dépôt au fond de la bouteille. L'ordre dans lequel on déguste les vins doit permettre à chacun de révéler ses qualités.

▬▬▬ La température de service

□ La température des vins blancs : boire les vins blancs frais renforce les sensations de fraîcheur et les arômes de fruité. Plus le vin est acide, plus la température du service doit être basse. Les vins blancs de garde supportent une température plus élevée.

□ La température des vins rouges : les vins rouges s'accommodent d'autant moins d'une température basse qu'ils sont riches en tanins. Mais proposer un vin trop chaud est également préjudiciable car, à partir de vingt degrés, la sensation brûlante de l'alcool devient prédominante.

□ Amener le vin à température idéale : pour réchauffer une bouteille sortie de cave, il suffit de la laisser quelques heures à température ambiante de la pièce de dégustation (« chambrer » le vin). Pour rafraîchir une bouteille la placer au bas du réfrigérateur. L'utilisation d'eau trop glacée est déconseillée car trop brutale. Les seaux à glace sont donc à utiliser avec précaution.

Type de Vin	champagne	blanc sec	blanc de garde	liquoreux	rosé	rouge primeur	rouge léger	rouge de garde
Température	6°-10°	10°-12°	14°-16°	6°-8°	8°-12°	12°-14°	14°-16°	16°-19°

▬▬▬ La décantation

□ La décantation permet d'éliminer, au fond de la bouteille, les dépôts survenant au cours du vieillissement (tartre, tanins, particules de couleur...) qui gênent la dégustation et assure l'aération du vin. Elle est traditionnellement réservée aux vins vieux. Mais les arômes de vieillissement s'altérant très rapidement au contact de l'air, il est préférable d'éviter cette décantation sauf présence d'odeurs désagréables. Il semble plus judicieux d'aérer les vins jeunes tanniques pour les assouplir et les rendre moins astringents.

▬▬▬ L'ordre de la dégustation

□ L'usage préconise que l'on serve en premier les vins blancs en commençant par les plus acides, puis les vins rosés, les vins rouges primeurs, les vins rouges légers, enfin les vins rouges de garde. L'ordre de dégustation influence l'appréciation des différents vins : un vin peu flatteur valorise le vin qui est servi après. Généralement les vins vieux sont dégustés après les vins plus jeunes. Mais il est souhaitable d'assouplir quelquefois cette règle pour éviter qu'un vin vieux devenu très souple ne soit « écrasé » par un vin jeune tannique.

LE TIRE-BOUCHON ET LE DÉBOUCHAGE

■ Les différentes sortes de tire-bouchons

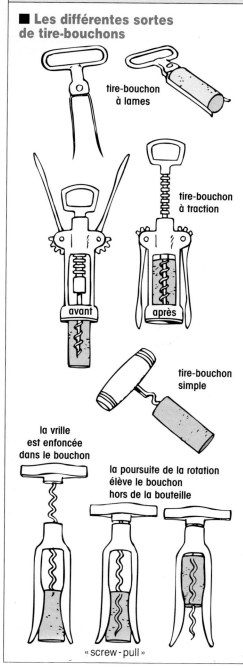

tire-bouchon
à lames

tire-bouchon
à traction

avant   après

tire-bouchon
simple

la vrille
est enfoncée
dans le bouchon

la poursuite de la rotation
élève le bouchon
hors de la bouteille

« screw - pull »

Après avoir découpé délicatement la cap- sule au niveau de la bague pour éviter tout contact entre le vin et la capsule, la bouteille peut être débouchée. L'utilisa- tion d'un outil approprié est recomman- dée tant il est désagréable d'échouer dans cette opération surtout quand le vin est de bonne qualité.

La vrille reste le meilleur moyen d'extraire le bouchon. Le tire-bouchon à lames qui décolle le bouchon des parois est peu facile d'emploi. Les systèmes qui injec- tent de l'air ou du gaz sous pression sont plutôt destinés aux professionnels qui débouchent de nombreuses bouteilles lors des réembouteillages.

La qualité de la vrille

- elle doit être longue pour prendre le bou- chon sur toute sa longueur. Trop courte, elle risquerait de scinder le bouchon en deux.

- elle doit être large pour offrir une surface d'extraction importante.

- l'extrémité doit être acérée pour mieux pénétrer le bouchon en évitant qu'il s'enfonce.

Plusieurs tire-bouchons à vrille

- le tire-bouchon simple : nécessite quel- quefois beaucoup d'efforts sur les bou- chons rétifs.

- le tire-bouchon à traction : diminue les efforts d'extraction.

- le « screw-pull » : le tire-bouchon moderne adopté par un grand nombre de professionnels du vin. Le bouchon est retiré par rotation de la vrille. L'unique reproche à lui opposer est que, perçant totalement le bouchon, il risque de laisser des débris de liège tomber dans le vin.

Après débouchage, il convient de net- toyer l'intérieur et le dessus du goulot avec un chiffon pour éliminer toutes les parti- cules de liège. On déguste le vin pour détecter d'éventuels défauts (goûts de bouchon) et le proposer ensuite aux convives.

Les verres

La nature, la forme et le volume des verres sont liés à l'histoire des techniques, de l'art et du goût. Des verres traditionnels aux verres design et à ceux réservés à la dégustation, comment l'amateur peut-il faire son choix ?

▬▬▬ Verres et civilisation

☐ Le vin caché : les Grecs buvaient dans des coupes un vin fortement coupé d'eau dont la quantité leur importait plus que la qualité révélée par l'aspect. Malgré l'apparition précoce du verre (gobelets, coupes mérovingiennes), en France on a longtemps bu le vin dans des contenants opaques, gobelets de faïence, d'étain ou même de bois.

☐ La révolution du cristal : le verre au plomb, ou cristal, apparaît en Angleterre dès la fin du XVIIᵉ siècle. Avec les progrès œnologiques des XVIIᵉ et XVIIIᵉ siècles et l'apparition de la notion de cru, l'aristocratie et la bourgeoisie utilisent des verres. En France, la cristallerie de Baccarat ouvre en 1820.

☐ Les verres traditionnels : à chaque région viticole correspondent des verres dont les formes ont été empiriquement fixées.

☐ Fonctionnels ou artistiques : devenu objet d'art, le verre a été taillé, coloré, gravé, sa tige s'est ouvragée, dédoublée. On a ainsi oublié la nécessité de voir le vin.

▬▬▬ Comment choisir ses verres ?

☐ Favoriser la vision : le vin, beau par sa limpidité, sa brillance et sa couleur, doit d'abord être contemplé. Évitez les verres taillés, colorés ou trop épais et préférez un verre, un cristallin (8 % de plomb) ou un cristal très fin et tout à fait transparent.

☐ Favoriser l'olfaction : la richesse aromatique du vin s'exprime mieux si la surface du liquide au contact de l'air est suffisante et si l'on peut imprimer au vin des mouvements de rotation. Il faut donc bannir les verres de trop faible volume : les verres à Bordeaux anciens (12 à 15 cl) ont été remplacés, à l'Académie des Vins de Bordeaux, par des verres de 27 cl. Comme la concentration des arômes est favorisée par une « cheminée » étroite, la forme tulipe des verres de Bordeaux convient fort bien.

☐ Favoriser la tenue du verre : le pied et la tige sont strictement nécessaires. On tient le verre par la tige, ce qui évite de réchauffer le gobelet ou de le souiller. Autre avantage : la tige facilite la rotation du verre pour accentuer l'oxygénation.

☐ Ne pas disperser l'attention : les fioritures, les tiges tarabiscotées, les formes incongrues mais anti-fonctionnelles nuisent au vin. Mieux vaut la pureté du design.

▬▬▬ Le verre normalisé AFNOR et les impitoyables

☐ Le verre AFNOR : mis au point par l'Association française de normalisation et adopté pour la dégustation par l'Institut national des appellations d'origine (INAO).

☐ Les impitoyables : systématiquement conçus par J. Pascot, à Châlon-sur-Saône, pour la dégustation, et propres à faciliter les jugements les moins subjectifs, les « impitoyables » présentent des formes originales qui peuvent séduire l'amateur.

LES TYPES DE VERRES

Bordeaux

Gobelet parisien

La coupe. C'est une hérésie : elle favorise l'évaporation des bulles et la perte d'arômes.

Alsace

Anjou

1.

2.

1. **La flûte traditionnelle**. Belle et fonctionnelle, elle permet d'observer les bulles et la cheminée concentre les arômes du champagne.

2. **L'Impitoyable.** Les bulles s'accrochent un moment aux « grains d'orge » des parois, ce qui renseigne sur la verdeur et la maturité du champagne.

buvant

cheminée

gobelet

23 cl

tige

pied

Impitoyables

vins
blancs

rouges
jeunes et rosés

rouges
vieux

Le verre normalisé de l'INAO

DU RAISIN AU VIN
LES VINIFICATIONS
LES SPÉCIALITÉS
L'ÉLEVAGE
LES LIEUX
LE CHOIX

Conserver ses vins

Les conditions de stockage du vin dans une cave particulière sont importantes pour sa conservation et sa bonification La température et l'humidité doivent être soigneusement régulées dans une cave obscure. Plusieurs solutions de rangement existent mais respectent toutes la position couchée des bouteilles.

La température est un facteur important de la conservation des vins. Une cave trop chaude provoque une évolution accélérée et préjudiciable du vin avec des déviations aromatiques désagréables. Une cave trop froide empêche l'évolution du vin. La température idéale se situe autour de 12°.

L'humidité de la cave ne doit être ni excessive ni insuffisante. Une cave trop humide détériore les étiquettes et, plus grave encore, altère les bouchons. Des moisissures se développent dans le liège et transmettent au vin des odeurs de moisi. La perméabilité du liège le rend sensible aux odeurs extérieures ; et particulièrement aux odeurs de moisi des murs humides aux odeurs de mazout des chaudières, aux odeurs de peinture. Un sol de graviers, une bonne ventilation, contribuent à assécher une cave trop humide. Une cave trop sèche favorise le dessèchement des bouchons et donc l'évaporation du vin. Le volume d'air dans la bouteille s'accroît et provoque une oxydation du vin. Un sol de graviers régulièrement arrosé ou une bassine d'eau compense une humidité insuffisante.

La lumière. L'exposition prolongée à la lumière altère les vins par la production de composés soufrés dont l'odeur désagréable rappelle l'œuf pourri (goût de lumière). Les champagnes y sont particulièrement sensibles. Si la teinte foncée des bouteilles limite la pénétration des rayons lumineux, il convient de maintenir la cave à l'obscurité.

La position. La bouteille doit être impérativement couchée pour assurer l'humidification constante du bouchon. Si le bouchon s'assèche, le vin peut s'écouler hors de la bouteille. L'air et les moisissures qui entreraient en contact avec le vin provoqueraient des déviations aromatiques rappelant les vins madérisés.

Le rangement des bouteilles. Les bouteilles peuvent être laissées dans les caisses en bois, à la rigueur dans des cartons. L'empilement des caisses et des cartons est peu pratique car il amène de fastidieuses manipulations pour sortir la bouteille désirée. Les bouteilles peuvent être rangées dans des casiers métalliques, en béton, en bois, en plastique, en roche volcanique, une excellente régulatrice d'hydrométrie.

Les solutions de remplacement. Si l'amateur de vin ne dispose pas de cave ou si elle est inadaptée à la conservation des bouteilles, plusieurs solutions palliatives existent : une armoire climatisée (50 à 1 000 bouteilles) ou une cave en kit à enterrer.

LA CAVE

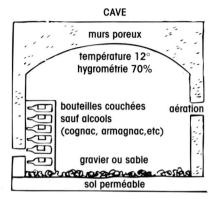

CAVE

murs poreux

température 12°
hygrométrie 70%

bouteilles couchées
sauf alcools
(cognac, armagnac,etc)

aération

gravier ou sable

sol perméable

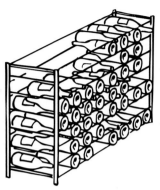

porte-bouteille en acier

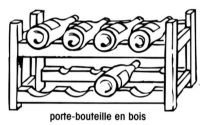

porte-bouteille en bois

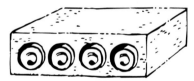

casiers à bouteilles en lave volcanique

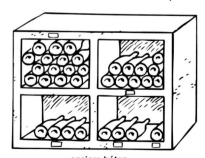

casiers béton
(attention aux étiquettes
car les bouteilles sont superposées)

■ Une variété indispensable

Une bonne cave ne se limite pas à une seule région viticole. Il faut également disposer de millésimes suffisamment diversifiés pour proposer des vins à boire à court terme, des vins de moyenne et longue garde que l'on peut « oublier » le temps de leur évolution. Choisir un vin de moyenne qualité dans un grand millésime limite les déceptions. Les grands vins, dans les petits millésimes, révèlent encore leur supériorité. Pour les vins de garde, disposer de douze bouteilles permet une appréciation de l'évolution et du moment idéal de leur dégustation. Les possibilités de stockage du vin conditionnent évidemment le volume total de bouteilles encavées.

Les vins rouges doivent constituer la pièce maîtresse d'une cave car ils sont, en proportion, les vins les plus dégustés lors d'un repas. On possèdera également quelques vins blancs secs jeunes et frais (à renouveler régulièrement), quelques grands blancs de Bourgogne et des vins moelleux. Enfin, on laissera vieillir quelques bouteilles de champagne, avec quelques vins originaux (pour personnaliser la cave).

Index

Coordination artistique : Danielle Capellazzi
Maquette : Studio Primart, Ulrich Meyer
Illustration et cartographie : Gilles Alkan
Maquette de couverture : Favre-Lhaïk
Illustration de couverture : G. de Montrond - A. Vuarnesson
Photocomposition, Photogravure : Compo 2000 - Saint-Lô

N° d'éditeur : 10081012 - (V) - 38,5 - CSBGP - 80° - C2000 - Octobre 2000
Imprimé en France par CLERC S.A. - 18200 Saint-Amand-Montrond - N° 7390